VLo_a.

19.

o JEN.

CYMRY MAN U

Cymry Man U

GWYN JENKINS

CYNGOR LLYFRAU CYMRU

ISBN: 978 1847712967
Argraffiad cyntaf: 2011

Mae'r prosiect Stori Sydyn/Quick Reads yng Nghymru
yn fenter ar y cyd rhwng Llywodraeth Cynulliad Cymru
a Chyngor Llyfrau Cymru. Mae'r teitlau'n cael eu
hariannu yn rhan o'r Strategaeth Genedlaethol
Sgiliau Sylfaenol i Gymru.

Argaffwyd a chyhoeddwyd gan
Y Lolfa, Talybont, Ceredigion SY24 5HE
gwefan www.ylolfa.com
e-bost ylolfa@ylolfa.com
ffôn 01970 832 304
ffacs 832782

1

O Newton Heath
i Manchester United

YN ystod tymor 2009–10, roedd cefnogwyr Manchester United yn gwisgo sgarffiau melyn a gwyrdd yn ystod gêmau cartref y clwb yn Old Trafford. Nid y rhai coch arferol. Roedden nhw'n protestio yn erbyn perchnogion Man U, ac yn eu beio am achosi problemau ariannol a bygwth dyfodol y clwb. Cafodd y lliwiau melyn a gwyrdd eu dewis ar gyfer y brotest gan mai dyna oedd lliwiau gwreiddiol Manchester United dros ganrif yn ôl. Enw'r clwb bryd hynny oedd Newton Heath.

Er mai yn ninas Manceinion roedd Newton Heath, eto roedd cysylltiadau Cymreig cryf gan y clwb o'i ddyddiau cynnar. Dros y blynyddoedd, mae nifer o Gymry wedi chwarae eu rhan yn llwyddiant Manchester United, a ddaeth yn un o glybiau pêl-droed enwoca'r byd. Oherwydd hyn, mae'r clwb wedi denu cefnogaeth gref yng Nghymru, a breuddwyd llawer Cymro ifanc oedd gwisgo crys coch Man U a chwarae pêl-droed ar faes enwog Old Trafford.

Yn ysgolion bonedd Lloegr ganol y 19eg ganrif y datblygodd pêl-droed yn gêm. Erbyn yr 1870au roedd gweithwyr mewn ffatrïoedd a gweithfeydd yn ei chwarae ac roedd gan lawer o'r clybiau newydd gysylltiad â'r gweithfeydd a'r ffatrïoedd hyn. Sefydlwyd clwb pêl-droed Newton Heath yn 1878, wedi i gwmni rheilffordd y Lancashire and Yorkshire (LYR) roi caniatâd i'r gweithwyr ei sefydlu. Fe gawson nhw arian gan y cwmni ac roedd y gêmau'n cael eu chwarae ar faes mwdlyd North Road, gyda'r chwaraewyr yn newid mewn tafarn hanner milltir o'r maes.

Digon di-nod oedd cyfnod cynnar Newton Heath ond yn 1885 mi gafodd y clybiau pêl-droed ganiatâd i dalu'r chwaraewyr. Yn dilyn hyn daeth nifer o bêl-droedwyr i weithio i gwmni LYR ym Manceinion, amryw ohonyn nhw'n chwaraewyr talentog o Gymru a'r Alban. Bydden nhw'n ennill cyflog am chwarae i Newton Heath a hefyd yn ennill cyflog bob wythnos yn y gwaith. O ganlyniad i'w allu i ddenu chwaraewyr da, daeth Newton Heath yn un o dimau cryfaf ardal Manceinion.

Yn 1886 aeth nifer o bêl-droedwyr o ardal Wrecsam i chwarae i'r clwb. Yr enwocaf ohonyn nhw oedd Jack Powell, cefnwr de tal a chadarn ei dacl. Dechreuodd ei yrfa gyda chlwb Cymreig mwyaf llwyddiannus y dydd, y Derwyddon, o bentref Rhiwabon, sir Ddinbych. Roedd Powell wedi ennill ei gap cyntaf dros Gymru yn 1878 ar ôl chwarae dim ond tair gêm i'r Derwyddon. Erbyn iddo arwyddo i Newton Heath roedd wedi ennill un ar ddeg o gapiau. Cafodd ei alw'n 'Gawr Cymru' a 'Llew Cymru' gan y cefnogwyr. Er ei fod yn daclwr nerthol, roedd yn cael ei ystyried yn chwaraewr teg na fyddai'n brifo neb yn fwriadol ar y cae. Ar ôl ymuno â Newton Heath, fe ddaeth yn gapten ac roedd y tîm bellach yn cynnwys nifer o Gymry eraill. Yn eu plith roedd Tom Burke, Joe Davies a Jack Owen o Wrecsam, a'r brodyr, Jack a Roger Doughty.

Er iddyn nhw gael eu geni yn swydd Stafford, roedd mam y brodyr Doughty yn Gymraes a symudodd y teulu i Riwabon pan oedd y plant yn ifanc. Fel Jack Powell, ymunodd y brodyr â chlwb y Derwyddon, ac roedd y ddau yn y tîm a gipiodd Gwpan Cymru yn 1885 ac 1886. Jack Doughty oedd y chwaraewr gorau o'r ddau frawd a châi 30 swllt yr wythnos o gyflog ar ôl ymuno â Newton Heath ond dim ond 20 swllt sef £1 yr wythnos oedd cyflog Roger. Un o uchafbwyntiau gyrfa Jack oedd sgorio pedair gôl dros Gymru yn erbyn Iwerddon yn 1888. Roedd yn flaenwr cyflym, ac roedd ganddo ergyd nerthol. Yn 1892 pan gafodd gêm dysteb, fe drefnodd clwb Newton Heath i chwarae yn erbyn tîm o chwaraewyr rhyngwladol Cymru. Roedd hyn yn dangos y parch mawr oedd gan y clwb tuag ato.

Roedd Jack Powell a Jack Doughty yn y newyddion yn ystod eu tymor cyntaf yn Newton Heath am reswm anffodus. Dyma'r tro cyntaf i'r clwb gystadlu yng nghystadleuaeth Cwpan Lloegr ac yn y rownd gyntaf fe chwaraeon nhw oddi cartref yn erbyn Fleetwood Rangers. Fe sgoriodd Jack Doughty ddwywaith, ac fe orffennodd y gêm yn gyfartal, 2–2. Roedd bechgyn Newton Heath yn disgwyl cael ailchwarae'r gêm yn North Road ond roedd y dyfarnwr yn mynnu bod y rheolau'n caniatáu chwarae amser ychwanegol. Gwrthododd y capten, Jack Powell, y syniad ac arwain ei dîm oddi ar y cae. Gwaetha'r modd, y dyfarnwr oedd yn iawn a daeth diwedd dadleuol i ymgais gyntaf Newton Heath i ennill Cwpan Lloegr.

Ymunodd Newton Heath â Chynghrair Lloegr yn 1892, gan chwarae yn yr Adran Gyntaf am ddau dymor, cyn disgyn i'r Ail Adran. Yn 1893 symudodd y clwb o'i faes gwreiddiol, North Road, i Bank Street, Clayton, un o faestrefi Manceinion. Doedd cyflwr y maes fawr gwell na'r un yn North Road, a chafodd ei ddisgrifio fel 'toxic waste dump'. Byddai torfeydd sylweddol yn dod i wylio'r gêmau ac adeiladwyd standiau o amgylch y maes.

Un o chwaraewyr gorau'r clwb yn yr 1890au oedd y Cymro, Caesar Augustus Llewelyn Jenkyns. Fe'i ganed yn Llanfair-ym-Muallt, Powys, ac roedd yn gefnwr canol pwerus a enillodd wyth cap rhwng 1892 ac 1898. Mae'r lluniau ohono'n dangos clamp o ddyn mawr grymus gyda mwstás golygus. Roedd yn 14 stôn a 4 pwys, ac ef oedd y trymaf o holl chwaraewyr Man U nes i Pallister a Schmeichel ymuno â'r clwb ganrif yn ddiweddarach.

Yn y dyddiau hynny, roedd disgwyl i'r cefnwr canol reoli canol y maes yn ogystal ag ymuno yn yr ymosod, a dyna a wnâi Caesar Jenkyns. Roedd ganddo anferth o gic ac fe enillodd gystadleuaeth am gicio pêl yn bellach na neb arall. Gan ei fod yn chwaraewr garw, cafodd ei anfon o'r cae ar sawl achlysur. Pan geisiodd ymosod ar ddau gefnogwr mewn gêm yn erbyn Derby, penderfynodd ei glwb, Small Heath (a ddaeth yn Birmingham City wedyn), ei drosglwyddo. Yn 1895 ymunodd â Woolwich Arsenal, ac ef oedd y chwaraewr cyntaf o'r clwb hwnnw i ennill cap rhyngwladol. Y flwyddyn ganlynol ymunodd â Newton Heath a gorffennodd y clwb yn yr ail safle yn Ail Adran y Cynghrair. Roedd ei fab hefyd yn bêl-droediwr addawol – ei enw ef oedd Octavius Jenkyns!

Erbyn dechrau'r 20fed ganrif roedd Newton Heath mewn trafferthion ariannol. Mae lluniau o'r tîm yn y cyfnod hwnnw'n aml yn dangos blwch casglu o flaen y capten Harry Stafford – arwydd bod haelioni'r cefnogwyr mor bwysig i'w cadw'n fyw. Harry Stafford oedd yn gyfrifol am godi arian i'r clwb. Roedd ganddo gi St Bernard mawr o'r enw Major, ac mae un stori enwog amdano. Yn 1901 roedd dyledion Newton Heath yn £2,670 ac roedd yn debygol y byddai'r clwb yn methu. Er mwyn codi arian, trefnodd Harry Stafford ffair codi arian yng nghanol dinas Manceinion ac anfonodd Major, a blwch casglu wedi'i glymu wrth ei goler, o gwmpas tafarndai'r ddinas.

Nid oedd y ffair yn llwyddiant ac fe aeth Major ar goll. Rai dyddiau'n ddiweddarach, gwelodd Stafford hysbyseb yn y papur lleol yn cyfeirio at gi St Bernard mewn tafarn o eiddo'r Manchester Breweries. Gŵr busnes o'r enw John H Davies oedd perchennog y bragdy, ac roedd yntau'n chwilio am gi i'w ferch fach, Elsie. Fe drefnodd Stafford i gyfarfod â Davies yn y dafarn a holodd Stafford a fyddai'r gŵr busnes yn barod i gefnogi Newton Heath yn ariannol. Cytunodd Davies ar yr amod y câi gadw Major a'i roi i'w ferch. Roedd hithau wrth ei bodd. Flynyddoedd yn ddiweddarach daeth Elsie i fyw i Landudno, lle y treuliodd ei dyddiau olaf. Cafodd Harry Stafford ei wobr hefyd, gan i'r bragdy roi trwydded iddo redeg un o'i dafarndai.

Chawn ni byth wybod faint o wirionedd sydd yn y stori, ond yn sicr fe wnaeth John H Davies ariannu'r clwb a chymryd ei gyfrifoldebau newydd o ddifrif. Roedd yn entrepreneur go iawn, wedi'i eni yn swydd Stafford, ac yn fab i beiriannydd o'r enw David Davies o'r Wyddgrug, sir y Fflint. Roedd hefyd wedi priodi etifeddes cwmni enwog Tate & Lyle, ac felly'n ŵr ariannog. Yn y lluniau ohono, mae'n edrych fel dyn llawn hyder, un hoff o'i fwyd, ac yn ymfalchïo yn ei fwstás 'handlebar'.

O fewn dim o dro roedd dyledion Newton Heath wedi'u clirio, diolch i bedwar dyn busnes lleol a ddaeth yn gyfarwyddwyr, gyda John H Davies yn gadeirydd. Newidiodd y clwb ei liwiau o'i gwyrdd a melyn i goch a gwyn, a newid yr enw Newton Heath ar 26 Ebrill 1902. Wedi gwrthod yr enwau Manchester Celtic a Manchester Central, y penderfyniad unfrydol oedd mai'r enw newydd fyddai – Manchester United.

2

Billy Meredith
a'r Oes Aur Gyntaf

YCHYDIG O BÊL-DROED O safon a gâi ei chwarae y tu
allan i wledydd Prydain cyn y Rhyfel Byd Cyntaf.
Felly roedd pêl-droediwr gorau Prydain yn ystod
y cyfnod hwnnw hefyd yn bêl-droediwr gorau'r
byd. Y Cymro Billy Meredith, yn bendant, oedd
pêl-droediwr mwyaf disglair y dydd. Mae'n
debygol y byddai wedi ennill Ballon d'Or FIFA
droeon, petai'r gystadleuaeth honno'n bodoli
ganrif yn ôl. Yn sicr roedd Meredith yn yr un
categori â Messi a Ronaldo heddiw, heb sôn am
sêr Man U, fel George Best a Ryan Giggs.

Pan arwyddodd Billy Meredith i Man U yn
1906, dyma ddechrau ar oes aur gyntaf y clwb.
Yn 1904 roedd y cadeirydd, John H Davies,
wedi penodi ysgrifennydd newydd i'r clwb,
sef Ernest Mangnall, ac ef i bob pwrpas oedd
rheolwr y tîm. Mae rheswm da dros ei osod
ymhlith rheolwyr disgleiriaf Man U, ac yn
yr un categori â Busby a Ferguson. Roedd yn
ddyn llawn egni a brwdfrydedd a roddai fwy
o bwyslais ar ffitrwydd nag ar hyfforddiant

tactegol. Sicrhaodd fod Man U yn gryf yn amddiffynnol wrth i'r clwb geisio ennill dyrchafiad i Adran Gyntaf Cynghrair Lloegr. Arwyddodd yr amddiffynnwr cadarn Charlie Roberts, ac yn y gôl roedd y cawr Harry Moger, y gôl-geidwad talaf yn hanes y clwb, nes i Edwin van der Sar gyrraedd Old Trafford yn 2005. Enillodd y clwb Bencampwriaeth yr Ail Adran yn 1906 a dyrchafiad yn ei sgil. Ar yr un pryd dangosodd Mangnall pa mor gyfrwys ydoedd mewn gwirionedd.

Roedd Man U wedi byw am sawl blwyddyn yng nghysgod yr hen elyn Manchester City. Roedd City wedi ennill Cwpan Lloegr yn 1904 dan arweiniad Billy Meredith a sgoriodd yr unig gôl yn y rownd derfynol, ac ym marn y gwybodusion, hwn oedd tîm gorau Lloegr. Ond gwnaeth Cymdeithas Bêl-droed Lloegr ymchwiliad yn dilyn dwy gêm dreisgar yn erbyn Everton ac Aston Villa ar ddiwedd tymor 1904– 5. Cyhuddwyd Meredith o gynnig £10 i Alec Leake, un o chwaraewyr Aston Villa, i golli'r gêm. Er i Leake gredu mai jôc oedd y cyfan cafodd Meredith ei wahardd rhag chwarae am dri thymor. Er na fyddai felly'n rhydd i chwarae tan Ebrill 1908, roedd Mangnall yn ddigon hirben i'w arwyddo ym mis Mai 1906. Yn ôl un hanesyn, roedd Meredith wedi pwyso ar City i'w ryddhau am ddim, gan na fyddai bellach yn cael gêm dysteb gan City, a'i fod wedi derbyn yn bersonol y swm sylweddol o £600 i'w ddigolledu gan Man U.

Roedd y cyhuddiadau'n cadw'r wasg yn brysur yn y cyfnod hwnnw. Am i City dalu bonws answyddogol i'r chwaraewyr cafodd yr aelodau euog ar fwrdd y cyfarwyddwyr eu gwahardd am bum mlynedd. Cafodd rhai chwaraewyr eraill eu hatal rhag chwarae am gyfnodau hir. O ganlyniad, penderfynodd cyfarwyddwyr Manchester City werthu eu chwaraewyr gorau gan wahodd y clybiau eraill i Fanceinion i ocsiwn pêl-droedwyr. Ond roedd Ernest Mangnall wedi clywed am hyn ymlaen llaw ac aeth ati cyn yr ocsiwn i arwyddo blaenwyr gorau City, sef Bannister a Turnbull, ac un o gefnwyr mwyaf talentog y dydd, Herbert Burgess.

Mi wnaeth arwyddo Meredith drawsnewid Man U. Erbyn hynny roedd y Cymro yn anterth ei yrfa, a'i sgiliau ar y bêl yn gwefreiddio torfeydd ar hyd a lled y wlad. Un o feibion y Waun (Chirk) yn ardal lofaol de-ddwyrain sir Ddinbych oedd Meredith. Cafodd ei eni yn 1874 i deulu oedd yn dod yn wreiddiol o sir Drefaldwyn. Daeth o dan ddylanwad athro yn ysgol y Waun o'r enw T E Thomas, un o bobol bwysig y gêm yng

14

Nghymru. Cyflwynodd y gêm bêl-droed i nifer o fechgyn a ddaeth yn chwaraewyr llwyddiannus, gan gynnwys Meredith. Fel ei dad a'i frodyr, aeth Meredith i weithio yn y pwll glo lleol ar ôl gadael ysgol, a dechreuodd chwarae pêl-droed gyda chlwb y pentref. Gan fod llawer o bêl-droedwyr Cymreig gorau'r cyfnod yn yr ardal deuai sgowtiaid o glybiau Lloegr i wylio'r asgellwr twyllodrus a chwim. Nid oedd ei fam yn awyddus iddo adael y Waun ac am gyfnod bu'n chwarae i Northwich Victoria yn ogystal â gweithio dan ddaear yn ystod yr wythnos. Fodd bynnag, yn 1894 arwyddodd i Manchester City fel amatur rhan-amser gan barhau i weithio yn y pwll glo am flwyddyn.

Yn Ionawr 1895 arwyddodd gytundeb proffesiynol ac o fewn dim o dro enillodd ei gap cyntaf dros Gymru, gan chwarae yn erbyn Iwerddon yn Belfast. Aeth ymlaen i ennill 48 o gapiau dros gyfnod o chwarter canrif, gan sgorio 10 gôl. Yn eu plith roedd y gôl a sicrhaodd gêm gyfartal annisgwyl i Gymru yn erbyn Lloegr yn 1900. Yn y cyfnod hwnnw ni fyddai gêmau rhyngwladol yn cael eu cynnal yn erbyn timau o'r Cyfandir. Yn erbyn gwledydd eraill Prydain y byddai Cymru yn chwarae, a hynny ym Mhencampwriaeth Prydain, a nod mawr Meredith oedd curo Lloegr.

Yr agosaf y daeth Meredith at fuddugoliaeth yn erbyn Lloegr yn anterth ei yrfa oedd yn 1907 pan gipiodd Cymru Bencampwriaeth Prydain am y tro cyntaf erioed. Roedd hynny pan nad oedd clybiau'n fodlon rhyddhau eu chwaraewyr i ymddangos dros Gymru, sefyllfa a fu'n rhwystr i Gymru erioed. Chwaraeodd 21 o chwaraewyr yn y crys coch yn ystod y tair gêm ryngwladol y tymor hwnnw.

Roedd gêm gyntaf y tymor yn Chwefror 1907, oddi cartref yn Belfast yn erbyn Iwerddon, a diolch i gampau'r cawr o gôl-geidwad, L R Roose, ac un gôl gan Meredith, llwyddodd Cymru i ennill 3–2. Ddechrau Mawrth, curwyd yr Alban yn Wrecsam 1–0, gyda gôl gan gyn-chwaraewr Aberystwyth, Grenville Morris. Bu'n rhaid teithio i Craven Cottage, Llundain, i wynebu Lloegr ar 18 Mawrth. Roedd Meredith ar ei orau'r diwrnod hwnnw ac ef greodd y gôl gyntaf i Billy Lot Jones, hen gyd-chwaraewr i Meredith gyda'r Waun a Manchester City. Sgoriodd Lloegr gôl ffodus yn yr ail hanner i wneud y sgôr yn gyfartal. Cwynodd Meredith nad oedd y dyfarnwr o Loegr wedi rhoi cic o'r smotyn i Gymru wedi i un o chwaraewyr Lloegr lawio'r bêl yn y munudau olaf – cic a fyddai wedi rhoi cyfle i'r Cymry ennill y gêm. Serch hynny, roedd gêm gyfartal yn ddigon i sicrhau'r Bencampwriaeth ac roedd Meredith a Chymdeithas Bêl-droed Cymru ar ben eu digon. I ddathlu eu camp, cyflwynwyd medalau aur i'r chwaraewyr mewn cinio mawreddog.

Daeth breuddwyd Meredith o guro Lloegr yn wir yn y gêm olaf a chwaraeodd dros ei wlad ar 15 Mawrth 1920 yn stadiwm newydd Highbury, cartref enwog Arsenal. Erbyn hynny roedd Meredith yn 45 mlwydd oed ond roedd y sgiliau i greu problemau i amddiffyn Lloegr yn dal ganddo. Yn nhîm Cymru'r diwrnod hwnnw roedd asgellwr peryglus arall, Ted Vizard, ei hen gyfaill Billy Lot Jones, a Fred Keenor o Gaerdydd, a ddaeth yn enwog yn ddiweddarach am godi Cwpan Lloegr yn 1927. Roedd eira ar y maes wrth i Meredith ymddangos am y tro olaf yng nghrys coch ei wlad ond ni wnaeth hynny amharu dim ar gyfraniad yr hen lwynog. Sgoriodd yr enwog Charlie Buchan y gôl gyntaf i Loegr ond rhwydodd Dic Richards a Stan Davies i Gymru gan sicrhau'r fuddugoliaeth. Yn yr ystafell newid wedi'r gêm roedd Meredith yn ei ddagrau ac yn ddiweddarach cyflwynodd Cymdeithas Bêl-droed Cymru dlws arian iddo, i gydnabod ei gyfraniad dros gyfnod mor hir.

Er ei gapiau niferus dros Gymru a'i lwyddiant gyda Manchester City, eto i gyd rydyn ni'n cofio Meredith yn bennaf oherwydd ei gyfnod llwyddiannus gyda Man U. Wedi codi'r gwaharddiad yn Ionawr 1907 roedd cyffro mawr yn y ddinas cyn ei gêm gyntaf dros Man U yn erbyn Aston Villa. Ni chafodd y dyrfa fawr a ddaeth i'w weld eu siomi. Wedi rhediad twyllodrus i lawr yr asgell croesodd Meredith y bêl a llwyddodd Sandy Turnbull i benio gôl wych.

Roedd steil Meredith o chwarae'n apelio at y cefnogwyr a byddai'r cyffro'n codi pan dderbyniai'r bêl. Nid oedd yn arbennig o chwim ond roedd yn gyflym dros y llathenni cyntaf a gallai ddriblo'n well na neb. Fel pob chwaraewr da, roedd yn medru darllen y gêm gan wybod yn reddfol pryd i ochrgamu er mwyn osgoi tacl. Byddai'r cefnwyr yn gweld y bêl am eiliad ond cyn iddyn nhw ymateb, byddai Meredith wedi'u curo a'u twyllo. Collodd sawl tarw o gefnwr y dydd yn erbyn y dewin o Gymru. Yn groeswr pêl da, gallai Meredith hefyd ergydio at y gôl pan ddeuai'r cyfle.

Roedd ganddo dipyn o feddwl ohono'i hun, fel rhai eraill o chwaraewyr Man U – Denis Law ac Eric Cantona. Er hynny roedd cadw'n heini yn bwysig iawn iddo. Yn ystod ei yrfa ychydig o gêmau a gollodd oherwydd anafiadau. Mewn lluniau ohono yn ei bedwardegau gwelwn ddyn main, gwydn o gorff, heb olion bywyd bras.

Ar ddiwrnod gêm byddai'n yfed gwydraid o bort cyn chwarae ac yn bwyta cyw iâr wedi'i ferwi wedi'r gêm. Byddai'n taenu saim drewllyd ar ei goesau er mwyn eu cadw'n ystwyth. Oddi ar y cae roedd Meredith yn un o'r rhai cyntaf i fanteisio ar ei boblogrwydd drwy agor siop gwerthu cit a nwyddau pêl-droed ym Manceinion. Er ei fod yn byw ym Manceinion gyda'i wraig a'i blant, hoffai hefyd ddychwelyd i dawelwch ei hen gartref yn y Waun, gan fynd i bysgota gyda'i frodyr, ymhell o fwrlwm y ddinas.

Gan mai am hanner tymor yn unig y chwaraeodd Meredith yn 1906–7, rhaid oedd aros tan dymor 1907–8 i weld Meredith a Man U ar eu gorau. Enillodd y tîm ddeg gêm yn olynol ar ddechrau'r tymor ac nid oedd yr un tîm yng ngwledydd Prydain yn medru gwrthsefyll rhediadau Meredith ar yr asgell na gallu Sandy Turnbull i sgorio. Roedd bron pob croesiad gan Meredith yn arwain at gôl. Rhwydodd Turnbull – Wayne Rooney ei ddydd – 25 gôl mewn 30 gêm, record na chafodd ei thorri am ddeugain mlynedd. Roedd rhyddid i flaenwyr Man U ymosod gan fod yr amddiffyn mor gryf. Charlie Roberts oedd yr arweinydd a'i gyd-hanerwyr, Dick Duckworth ac Alec Bell, a'r cefnwr Burgess a'r gôl-geidwad tal, Harry Moger, yn sicrhau cadernid. Roedd Man U naw pwynt ar y blaen ar ddiwedd y tymor, gan ennill 23 o'u 38 gêm.

Wedi cipio'r Bencampwriaeth am y tro cyntaf yn hanes y clwb, aethon nhw ar daith haf i'r Cyfandir i ddathlu. Fe chwaraeon nhw gêm yn Awstria, ond yn Budapest, prifddinas Hwngari, lle roedd pêl-droed yn boblogaidd iawn trodd y gêm gyfeillgar yn erbyn Ferencváros yn frwydr. O'r cychwyn cyntaf roedd Man U yn drech na'r Hwngariaid, gyda Meredith yn sgorio gôl wych drwy redeg o hanner y cae a saethu heibio'r gôl-geidwad. Aeth y dorf yn wyllt wrth i Man U sgorio gôl ar ôl gôl ac ar ddiwedd y gêm, gyda Man U yn fuddugol 7–0, ymosodon nhw ar y chwaraewyr. Bu'n rhaid galw ar yr heddlu i hebrwng y bws agored a gludai'r chwaraewyr a swyddogion Man U o'r stadiwm, ond lwyddon nhw ddim i atal y cerrig a daflwyd at y bws. Cafodd sawl un ei frifo, gan gynnwys Ernest Mangnall a gafodd ei daro ar ei ben. Wedi'r profiad hwnnw cyhoeddodd Man U na fydden nhw byth eto'n chwarae yn Budapest. Cadwon nhw at eu gair tan 1965 pan chwaraeodd Man U mewn cystadleuaeth Ewropeaidd yn y ddinas.

Un o'r rhesymau dros lwyddiant Man U yn y cyfnod hwn oedd bod y chwaraewyr yn gyfeillion agos oddi ar y cae. Bydden nhw'n trafod y gêm yn gyson a'r rhai mwyaf deallus, fel Meredith, fyddai'n penderfynu'r symudiadau a'r tactegau ar y maes, nid y rheolwr. Byddai Meredith yn creu arwyddion cudd â'i freichiau i'w gyd-chwaraewyr yn ystod gêm, gan dwyllo'r tîm arall wrth newid safleoedd. Ond digwyddodd y cydweithio ymhlith y chwaraewyr mewn cyfeiriad arall hefyd.

Roedd Meredith wedi teimlo i'r byw o ganlyniad i'r driniaeth a gawsai gan Gymdeithas Bêl-droed Lloegr yn ystod trafferthion 1905. Credai fod rhagfarn gan y Gymdeithas yn erbyn clybiau Manceinion, a'i fod yntau wedi cael cam am ei fod yn Gymro. Câi'r Saeson eu trin yn wahanol, ac roedd y cyfarwyddwyr cyfoethog yn parhau i fedru ennill eu harian, tra oedd yntau ar y clwt. Yn bwysicach na hyn oll, credai fod hawl gan chwaraewr i werthu ei lafur yn ôl ei ddymuniad personol ef ei hun. Byddai hynny'n golygu cael gwared â'r drefn o dalu uchafswm cyflog i'r chwaraewyr – £4 yr wythnos yn y cyfnod hwnnw. Dylai'r chwaraewr allu symud o glwb i glwb hefyd heb fawr o rwystr er mwyn ennill y cyflog gorau.

Yn ystod blynyddoedd cynnar yr ugeinfed ganrif bu cynnydd sylweddol yn aelodaeth yr undebau llafur gan arwain at sawl ffrae rhwng meistr a gweithwyr. Ar 2 Rhagfyr 1907 daeth cynrychiolwyr o dros ddwsin o glybiau i westy'r

Imperial ym Manceinion i sefydlu undeb ar gyfer chwaraewyr pêl-droed. Yn y gadair roedd Meredith ei hun. Daeth The Association of Football Players Union i fod yn swyddogol y mis canlynol.

Nid sosialydd oedd Meredith; yn wir byddai'n pleidleisio i'r Rhyddfrydwyr, ac yn edmygu'r dewin o Gymro, David Lloyd George – un o weinidogion y llywodraeth ar y pryd a ddaeth yn Brif Weinidog yn 1916. Credai Meredith y dylai fod hawl gan chwaraewyr i dderbyn cyflogau yn ôl eu gallu ar y cae. Felly dylai ef, fel un o bêl-droedwyr gorau'r dydd, ennill mwy na'r gweddill. Fodd bynnag, roedd yr Undeb newydd yn rhoi pwyslais ar gefnogaeth ariannol i bêl-droedwyr a oedd mewn angen, megis y rhai a gâi eu hanafu.

Nid oedd y Gymdeithas Bêl-droed yn ffafrio newid y drefn o uchafswm cyflog ac roedden nhw'n cyhuddo Meredith ac eraill o fod yn hunanol. Yn Chwefror 1909 cafodd y Gymdeithas gyfle i ddial ar Meredith. Roedd Meredith wedi'i anfon o'r cae am y tro cyntaf yn ei yrfa ac fe gafodd ei wahardd rhag chwarae am fis. Fel mae'n digwydd, mewn gêm yng Nghwpan Lloegr yr anfonwyd ef o'r maes ac roedd hynny'n ergyd i obeithion Man U o ennill y Cwpan y flwyddyn honno. Hon oedd y brif gystadleuaeth bryd hynny, nid Pencampwriaeth y Cynghrair, a doedd Man U erioed wedi codi'r Cwpan. Yn y rownd gogynderfynol roedd Man U yn colli i Burnley pan ddaeth cawod drom o eira i'w hachub. Doedd dim dewis gan y dyfarnwr ond dod â'r gêm i ben cyn y diwedd. Yn y gêm ailchwarae, roedd Man U yn drech na Burnley. Wedi curo Newcastle, Pencampwyr y Cynghrair, yn y rownd gynderfynol tyrrodd miloedd o Fanceinion i Lundain ar 24 Ebrill 1909, i weld y ffeinal. Cyn dyddiau Wembley, byddai ffeinal Cwpan Lloegr yn cael ei chynnal ar nifer o feysydd gwahanol yn Llundain a'r flwyddyn honno maes Crystal Palace oedd y dewis.

Gwrthwynebwyr Man U oedd Dinas Bryste a chan fod y ddau dîm fel arfer yn gwisgo crysau coch, bu'n rhaid cynllunio cit newydd ar gyfer Man U a siop Billy Meredith oedd wedi eu cyflenwi. Gwisgai Man U grysau gwyn smart â streipen goch siâp V trawiadol. Man U oedd y tîm gorau ar y diwrnod a Meredith a greodd unig gôl y gêm pan groesodd i'w hen bartner Sandy Turnbull i rwydo. Efallai fod Meredith yn edmygu Lloyd George, ond yn ôl un gohebydd ef bellach oedd 'the Lloyd George of Welsh football'.

Roedd miloedd ar strydoedd Manceinion i groesawu eu harwyr yn ôl i'r ddinas gyda'r

Cwpan. Ond wedi i'r bonllefau dewi, trodd haf 1909 yn gyfnod o anghydfod chwerw rhwng y chwaraewyr a'r Gymdeithas Bêl-droed. Roedd y chwaraewyr wedi bwgwth streicio yn gynharach yn y flwyddyn gan ddychryn llawer o glybiau. Rhoddodd y Gymdeithas bwysau ar y clybiau i gynnwys cymal yng nghytundebau'r chwaraewyr a fyddai'n mynnu ffyddlondeb i'r Gymdeithas Bêl-droed a'i rheolau.

Roedd y Gymdeithas a'r clybiau'n gwrthwynebu hawl yr Undeb i ymuno â Ffederasiwn yr Undebau Llafur. Ildiodd yr Undeb yn y diwedd a daeth yr anghydfod i ben. Roedd y clybiau'n rhy bwerus ac agwedd y Gymdeithas yn drech na'r chwaraewyr.

Meredith oedd yr olaf i arwyddo cytundeb newydd efo Man U ac roedd yn ffodus bod y clwb yn gwerthfawrogi ei gyfraniad. Eto i gyd colli'r frwydr wnaeth Meredith a'r chwaraewyr. I wneud pethau'n waeth iddo, yn ystod y cyfnod hwn fe losgodd ei siop chwaraeon yn y ddinas yn ulw.

Roedd Man U yn glwb cyfoethog erbyn hyn, a John H Davies yn parhau i gyfrannu'n hael at y coffrau. Yn Ionawr 1910, chwaraewyd gêm olaf Man U ar yr hen faes yn Clayton, gyda Meredith yn sgorio un o'r goliau mewn buddugoliaeth 5–0 yn erbyn Tottenham Hotspur. Y mis canlynol symudodd y clwb i stadiwm newydd sbon moethus Old Trafford, cartref Man U hyd heddiw.

Roedd y stadiwm yn symbol o ddatblygiad Man U fel clwb. Gallai ddal torf o 80,000, gyda lle i 13,000 dan do. Yn y prif eisteddle roedd seddau tip–up ac ystafelloedd te. Nid oedd mor foethus ag Old Trafford heddiw, gyda'i focsys crand a'r brechdanau prawn ond hon oedd y 'theatre of dreams' gwreiddiol. Y tu ôl i'r llenni roedd gymnasium, ystafelloedd gêmau, a bath yn yr ystafelloedd newid.

Y tymor canlynol, 1909–10, enillodd Man U y Bencampwriaeth unwaith yn rhagor, gyda Meredith, er ei fod yn 37 mlwydd oed, yn parhau'n seren. Yng ngêm olaf y tymor yn erbyn Sunderland yn Old Trafford, yr ymwelwyr sgoriodd gyntaf, ond creodd Meredith dair gôl i'w gyd-flaenwyr gan sicrhau y Bencampwriaeth gyda buddugoliaeth swmpus, 5–1. Yn 1912 cafodd Meredith gêm dysteb rhwng Man U a'r hen elyn Manchester City. Daeth deugain mil i wylio'r gêm gan roi tysteb iddo o £1,400, y swm uchaf erioed mewn gêm dysteb hyd hynny.

Nid dyma ddiwedd gyrfa Meredith o bell ffordd ond roedd oes aur gyntaf Man U yn dirwyn i ben. Gadawodd Ernest Mangnall ei swydd ac ymuno â Manchester City. Aeth Charlie

Roberts i Oldham ac Alec Bell i Blackburn, ac ni ddaeth chwaraewyr o'r un safon i gymryd eu lle. Collodd Meredith ei le yn y tîm am gyfnod.

Yna daeth y Rhyfel Byd Cyntaf a chollodd y gêm bêl-droed ei phwysigrwydd yn naturiol. Collodd dau o gyd-chwaraewyr agosaf Meredith eu bywydau: Sandy Turnbull, a oedd wedi sgorio cymaint o goliau o groesiadau Meredith, ac L R Roose, gôl-geidwad lliwgar Cymru.

Wedi'r Rhyfel, er ei fod yn ei bedwardegau erbyn hynny, roedd Meredith yn parhau'n heini ac yn awyddus i chwarae, ond roedd ei berthynas â Man U wedi dirywio. Roedd yn awyddus i symud i glwb arall ond ni chredai y dylai Man U dderbyn ffi wrth ei drosglwyddo. Yn y pen draw ildiodd Man U i'w gais a symudodd yn ôl i Manchester City, o dan ofal ei hen reolwr yn Man U, Ernest Mangnall. Ond roedd dyddiau gorau Meredith ar ben erbyn hynny a phrin fu ei gyfraniad i City yn ei ail gyfnod gyda'r clwb.

Wedi iddo ymddeol o'r gêm yn 1924, pan oedd bron yn hanner cant, roedd yn dal i fod yn ffigwr poblogaidd ym Manceinion. Ymhlith ffotograffau Geoff Charles yn ei gyfrol *Cefn Gwlad*, mae ffotograff gwych ohono'n 76 oed, yn gwisgo siwt, cot fawr a chap stabal, yn cicio'r bêl ar ddechrau gêm yng Nglynceiriog yn Chwefror

1950. Hyd yn oed yn ei henaint gallai ddenu'r torfeydd.

Cafodd ei farwolaeth yn Ebrill 1958 lai o sylw na'r disgwyl, gan fod Manceinion yn parhau dan gwmwl trychineb Munich, ddeufis ynghynt. Serch hynny, mae ymhlith y rhai prin a enillodd ei le nid yn unig yn y Welsh Sports Hall of Fame ond hefyd yn yr English Football Hall of Fame.

3

Jimmy Murphy
a'r 'Busby Babes'

WEDI DYDDIAU BILLY MEREDITH, bu'r cyfnod rhwng y ddau Ryfel Byd yn gyfnod llwm yn Old Trafford. Roedd y dirwasgiad economaidd wedi taro Manceinion, fel ardaloedd diwydiannol eraill y byd, ac ar yr un pryd collodd Man U gefnogaeth ffyddlon y cadeirydd, John H Davies, gan iddo ymddiswyddo yn 1927. Treuliodd Man U gyfnodau hir yn Ail Adran y Cynghrair a bu bron i'r clwb ddisgyn i'r Drydedd Adran yn 1934, yr union flwyddyn pan oedd yr hen elyn Manchester City yn ennill Cwpan Lloegr.

Fel mae'n digwydd, ni fu llawer o Gymry yn chwarae i Man U yn ystod y cyfnod hwn. Enillodd Ray Bennion, hanerwr pwerus Man U rhwng 1920 a 1932, ddeg cap dros Gymru, gyda Harry Thomas, David Rees Williams, Tom Jones a Jack 'Nippy' Warner hefyd yn ennill ychydig o gapiau dros eu gwlad yn ystod yr un cyfnod. Ymunodd eilun cefnogwyr Wrecsam, y blaenwr Tommy Bamford, yn 1934, ond methodd yntau ailadrodd ei gampau ar y Cae Ras yng nghrys coch Man U.

Er y tlodi a'r diweithdra yng Nghymru, dyma oes aur tîm pêl-droed Cymru. Yn yr 1930au enillwyd Pencampwriaeth Prydain deirgwaith a dod yn gyfartal ar y brig unwaith. Curwyd Lloegr sawl tro ac yn 1933–4, fe lwyddon nhw i ennill y gêmau yn erbyn y tair gwlad yn yr un flwyddyn. Deuai llawer o chwaraewyr disglair y tîm yn wreiddiol o gymoedd tlawd de Cymru. Roedd llawer wedi'u denu gan gyflogau da clybiau mawr Lloegr. Yn eu plith roedd clwb West Bromwich Albion, oedd wedi arwyddo llanc ifanc o'r Rhondda o'r enw Jimmy Murphy yn 1924.

Roedd Murphy wedi'i eni yn Nhonpentre, ei dad yn Wyddel a'i fam yn Gymraes. Enillodd gapiau i dîm ysgolion Cymru, ac roedd yn aelod o'r tîm a gurodd Lloegr yn 1924, digwyddiad anarferol yn y dyddiau hynny. Wedi'i ddenu i West Brom, gadawodd Cymru am byth, ond byddai'n dychwelyd ar gyfer gêmau rhyngwladol ac roedd yn ddefod ganddo i anfon llythyr adref at ei fam bob wythnos yn ddi-ffael.

Mewnwr de oedd Murphy pan oedd yn ifanc ond cafodd drafferth i ennill ei le yn nhîm cyntaf West Brom nes iddo chwarae yn safle hanerwr de. Wedi hynny aeth o nerth i nerth gan ennill ei gap cyntaf dros ei wlad yn 1932.

Y tymor hwnnw roedd Cymru eisoes wedi

curo'r Alban 5–2 yng Nghaeredin, gyda Fred Keenor yn gwisgo crys rhif 4. Ond doedd Keenor ddim yn holliach ar gyfer y gêm yn erbyn Lloegr yn Wrecsam ar 16 Tachwedd 1932 a bu'n rhaid i Murphy lenwi'r bwlch. Mewn gêm amddiffynnol, methodd y ddau dîm â sgorio'r diwrnod hwnnw ond cadwodd Murphy ei le ar gyfer gêm olaf y gystadleuaeth yn erbyn Gogledd Iwerddon yn Wrecsam. Roedd angen i Gymru ennill y gêm honno i gipio'r Bencampwriaeth a chafodd y Gwyddelod eu chwalu gan chwarae ymosodol Cymru. Sgoriodd Dai Astley a Walter Robbins ddwy gôl yr un i sicrhau buddugoliaeth, 4–1.

Wedi hynny, Murphy oedd dewis cyntaf ei wlad a daeth yn gapten maes o law. Roedd Murphy yn debyg i'r taclwyr nerthol a fu'n nodwedd o dîm Cymru dros y blynyddoedd. Ef oedd Fred Keenor, Roy Paul a Terry Yorath ei ddydd a chafodd y llysenw 'Tapper' o ganlyniad i'w enw fel taclwr. Datblygodd bartneriaeth ffrwythlon gyda Bryn Jones (Aaron Ramsey ei ddydd) wrth i Murphy ennill y bêl drwy'i daclo grymus yng nghanol y cae a bwydo'r dewin o Ferthyr. Byddai yntau yn ei dro'n creu goliau di-rif i flaenwyr fel Dai Astley a Pat Glover.

Roedd gyrfa Murphy yn dirwyn i ben pan ddaeth y Rhyfel yn 1939. Ymunodd â'r fyddin

a bu'n un o'r 'desert rats' yng ngogledd Affrica.
Yna cafodd ei benodi'n hyfforddwr mewn
canolfan chwaraeon a oedd wedi'i sefydlu yn
Bari yn yr Eidal. Yno byddai'r milwyr yn cael
hoe o'r ymladd a chyfle i ymlacio ar feysydd
chwaraeon, gan gynnwys chwarae pêl-droed.
Un tro siaradodd Murphy yn frwd am y gêm
bêl-droed wrth griw o filwyr. Yn gwrando roedd
swyddog yn y fyddin o'r enw Matt Busby. Roedd
yn adnabod Murphy ers ei ddyddiau'n chwarae
i Manchester City yn yr 1930au a gwyddai am
dalentau'r Cymro. Cafodd Busby ei gyfareddu
gan allu Murphy i gyfleu ei neges i'r milwyr a'i
ddealltwriaeth o'r gêm bêl-droed. Roedd Busby
eisoes wedi derbyn y cynnig i fod yn rheolwr
Man U a gofynnodd i Murphy ymuno ag ef yn
y fenter. Yn ôl Busby, Murphy oedd y person
cyntaf a'r gorau iddo'i arwyddo yn ystod ei
yrfa.

Pan gyrhaeddodd y ddau Old Trafford ar
ddiwedd y Rhyfel, fe welon nhw gymaint
o waith roedd ganddyn nhw i'w wneud.
Roedd y stadiwm wedi'i chwalu gan fomiau'r
Luftwaffe a than 1949, bu'n rhaid i Man U
chwarae'u gêmau cartref ar Maine Road, maes
Manchester City ar y pryd. Yn ffodus roedd nifer
o chwaraewyr profiadol yn parhau ar lyfrau
Man U a thrwy'r bartneriaeth a ddatblygodd

yn gyflym rhwng Busby a Murphy, crëwyd tîm llwyddiannus a gipiodd Gwpan Lloegr yn 1948 a phencampwriaeth Adran Gyntaf y Cynghrair yn 1952. Er i chwaraewyr fel Jack Rowley, Allenby Chilton, Johnny Carey a Charlie Mitten ddod â llwyddiant cynnar i Busby a Murphy, roedd llygaid y ddau ar ddatblygu tîm o fechgyn ifanc a fyddai'n chwarae mewn dull arbennig.

Murphy a'i dîm o hyfforddwyr, yn cynnwys Bert Whalley a Joe Armstrong, gafodd y cyfrifoldeb. Mae sôn yn aml am y 'boot room' yn Anfield, lle byddai Bill Shankly, Bob Paisley ac eraill yn cwrdd i drafod y gêm a chynllunio at y dyfodol, ond roedd sefyllfa debyg yn Old Trafford flynyddoedd ynghynt. Byddai'r hyfforddwyr yn cwrdd yn swyddfa fechan a myglyd Jimmy Murphy (roedd Murphy yn smociwr di-baid) i bwyso a mesur datblygiad y chwaraewyr a sut roedd modd eu gwella.

Treuliai Murphy oriau yn ei dracwisg ar y maes hyfforddi yn drilio'r chwaraewyr. Er mwyn eu caledu ar gyfer y frwydr, byddai'n eu taclo'n ffyrnig a'u baglu, gan ddweud mai dyna fyddai'r profiad a gaent yn ystod gêm go iawn. Doedd dim hyfforddi yn ystod ei gyfnod ef fel chwaraewr ond roedd Murphy yn gwybod am yr angen i baratoi chwaraewyr yn iawn. Iddo ef ffwlbri oedd y syniad nad oedd raid i chwaraewyr wneud dim ond bod yn ddigon ffit i chwarae am 90 munud ac nad oedd angen datblygu eu sgiliau. Credai mai syniad ffôl oedd y farn nad oedd angen i chwaraewyr ymarfer gyda'r bêl yn ystod yr wythnos er mwyn sicrhau y bydden nhw'n awchu am y bêl ar y Sadwrn.

Roedd ganddo ddiddordeb mewn tactegau ac mewn dulliau hyfforddi ers ei ddyddiau cynnar. Yn 1933, pan oedd Cymru ym Mharis ar gyfer chwarae yn erbyn tîm cenedlaethol Ffrainc, clywodd fod yr hyfforddwr arloesol Jimmy Hogan yn y ddinas. Trefnodd i fynd i wylio Hogan yn hyfforddi a dysgodd lawer am y gêm drwy sgwrsio ag ef. Serch hynny, athroniaeth Murphy oedd cadw'r gêm yn syml a chredai mai ar y cae roedd hyfforddi, yn hytrach nag ar y bwrdd du. Roedd hefyd yn un da am weld addewid mewn chwaraewr. Byddai'n chwilio am bêl-droedwyr a oedd â digon o amser ganddyn nhw ar y bêl. O safbwynt ei dimau, ceisiai gael cydbwysedd ar draws y cae, gyda phawb yn chwarae i rythm arbennig. Nid oedd Murphy na Busby yn arloeswyr tactegol, eu cryfder oedd datblygu chwaraewyr a'u cael i wneud eu gorau.

Roedd llawer yn dadlau mai Murphy ac nid Busby oedd yn gyfrifol am dactegau Man U. Ond yn ôl George Best byddai sesiynau tactegol yn cael eu cynnal ar y diwrnod cyn y gêm, a Busby

yn mynegi'n glir sut roedd am i'r tîm chwarae
a beth a ddisgwyliai gan y chwaraewyr. Yn yr
ystafell newid cyn y gêm byddai Murphy'n
codi ysbryd y chwaraewyr drwy bregethu'n
danllyd mewn iaith liwgar. Cyn un gêm yn
erbyn Caerdydd, roedd y chwaraewyr wedi'u
syfrdanu pan gyhoeddodd Murphy: 'No
messing about up here lads. I can't stand these
bloody Welshmen, and those bloody sheep,
they're everywhere.' Chwerthin wnaeth y
chwaraewyr gan y byddai Murphy fel arfer yn
clodfori ei gyd-Gymry, a oedd yn ei olwg ef yn
rhagori ym mhob maes.

Roedd Murphy yn agosach at y chwaraewyr
na Busby. Byddai fel tad i ambell un a cheisiai
ateb eu problemau cyn iddyn nhw fynd yn
fater i'r rheolwr. Busby felly oedd y cadfridog
a Murphy ei lefftenant. Tra byddai Busby yn
dawel a bonheddig, roedd Murphy yn galed
ond yn fwy agored a brwdfrydig. Ni fyddai'r
ddau'n cymdeithasu y tu allan i Old Trafford,
Busby'n ffafrio cwmni'r clwb golff a'r cwrs
rasys ceffylau, tra byddai Murphy yn fwy
cartrefol ymhlith y werin bobl yn ei dafarn
leol, y Throstle's Nest. Er eu bod yn wahanol o
ran cymeriad, roedd hi'n bartneriaeth gadarn.
Roedd y ddau'n parchu'i gilydd yn fawr er
mai Busby fyddai'n derbyn yr holl glod. Serch

hynny, ni fyddai Murphy byth yn beirniadu Busby, beth bynnag ei wir deimladau.

Bu'r gwaith o adeiladu tîm newydd yn ystod yr 1950au yn llwyddiannus. Heblaw am recriwtio ambell chwaraewr talentog o glybiau eraill, fel y blaenwr cydnerth Tommy Taylor, o Barnsley yn 1953, roedd llawer o dîm yr 1950au yn fechgyn ifanc wedi'u datblygu gan Murphy a'i gyd-hyfforddwyr. Ymhlith y chwaraewyr ifanc hyn roedd Bobby Charlton o ogledd-ddwyrain Lloegr, Billy Whelan o Iwerddon, Ken Morgans o Abertawe, a Roger Byrne a Dennis Viollet o Fanceinion. Ym marn Murphy, y gorau ohonyn nhw oedd bachgen o ganolbarth Lloegr, Duncan Edwards.

Roedd Edwards yn fachgen tal, cyhyrog a golygus. Yng nghanol y cae gallai amddiffyn cystal â neb ac ar yr un pryd gallai gamu ymlaen i sgorio goliau cofiadwy. Enillodd ei gap cyntaf i Loegr yn ddeunaw mlwydd oed ac roedd disgwyl iddo fod yn gonglfaen tîm Man U a Lloegr am flynyddoedd. Yn yr ystafell newid gyda'i dîm cyn y gêm rhwng Cymru a Lloegr ar Barc Ninian yn Hydref 1957, roedd Jimmy Murphy yn ei swyddogaeth fel rheolwr Cymru yn bwrw llinyn mesur dros chwaraewyr Lloegr. Ar ddiwedd ei asesiad holodd Reg Davies, mewnwr de Cymru, un byr ac ysgafn ei gorff, pam na soniodd am Duncan Edwards. Ateb Murphy oedd y dylai'r Cymro gadw'n ddigon pell oddi wrth y cawr o Sais: 'keep out of his effing way!' oedd ei gyngor.

Pan oedd Edwards yn cymryd tafliad yn y gêm honno, a Lloegr yn ennill yn hawdd 4–0, gwaeddodd draw ar Murphy a dweud wrtho nad oedd yn cael llawer o lwc y diwrnod hwnnw. Ymateb Murphy oedd gweiddi 'nôl y byddai'n dangos iddo'r holl gamgymeriadau a wnaeth ar y cae, pan fyddai'n dychwelyd i Fanceinion!

Gyda thîm o chwaraewyr ifanc, a gafodd y llysenw 'The Busby Babes', cipiodd Man U Bencampwriaeth yr Adran Gyntaf ddwywaith yn olynol, yn nhymor 1955–6 ac yn nhymor 1956–7. Yn 1957 bu bron i Man U ennill y 'dwbwl', sef y Bencampwriaeth a Chwpan Lloegr, camp nad oedd yr un clwb wedi'i chyflawni yn yr ugcinfed ganrif hyd hynny. Ond cafodd gobeithion Man U eu chwalu yn ffeinal Cwpan Lloegr wrth i'w gôl-geidwad, Ray Wood, gael ei lorio gan Peter McParland, asgellwr garw Aston Villa. Roedd yn drosedd difrifol ond ni chafodd McParland ei gosbi. Wrth i Man U chwarae gyda deg dyn, gan nad oedd eilyddio yn y dyddiau hynny, sgoriodd McParland ddwy gôl a sicrhau'r Cwpan i Villa.

Erbyn hynny roedd Man U eisoes wedi ymddangos mewn cystadleuaeth newydd ar gyfer pencampwyr gwledydd Ewrop yng nghanol yr 1950au. Daeth ennill Cwpan Ewrop, fel y câi ei alw bryd hynny, yn nod cyson i Man U dros y blynyddoedd canlynol. Yn nhymor 1956–7, collodd Man U yn y rownd gynderfynol yn erbyn tîm gorau'r cyfnod, Real Madrid, ond roedd edrych ymlaen at gystadlu o'r newydd am y Cwpan yn nhymor 1957–8. Yn y rownd gogynderfynol gwrthwynebwyr Man U oedd Red Star Belgrade ac, wedi curo tîm prifddinas yr hen Iwgoslafia yn Old Trafford, bu'n rhaid teithio i Belgrad i chwarae'r ail gymal ar 5 Chwefror. Wedi sicrhau gêm gyfartal, ar y daith adre'r bore canlynol bu'n rhaid aros yn Munich. Nid oedd Jimmy Murphy ar yr awyren, gan ei fod ar ddyletswydd fel rheolwr Cymru mewn gêm yn erbyn Israel, gêm a fyddai'n sicrhau lle Cymru yn rowndiau terfynol Cwpan y Byd. Gyda Man U yn llwyddiannus yn Belgrad, enillodd tîm Cymru yng Nghaerdydd, a bu Murphy yn dathlu'r fuddugoliaeth gyda'i gyd-Gymry'r noson honno.

Teithiodd Murphy adref i Fanceinion ar y trên y bore wedyn ar yr union adeg pan oedd awyren carfan Man U mewn damwain wrth iddi fethu codi i'r awyr ar faes awyr Munich. Cafodd

23 o chwaraewyr, hyfforddwyr, swyddogion a newyddiadurwyr eu lladd ac eraill eu hanafu'n ddifrifol. Ymhlith y rhai a fu farw oedd hen gyfaill Murphy, ei gyd-hyfforddwr Bert Whalley a oedd yn eistedd yn y sedd nesaf at Matt Busby – y sedd lle y byddai Murphy fel arfer yn eistedd. Roedd chwaraewyr talentog fel Taylor, Byrne, Whelan, Colman a Pegg i gyd wedi'u lladd ac roedd Duncan Edwards yn ymladd am ei fywyd yn yr ysbyty yn Munich. Yno hefyd, yn bur wael, roedd Matt Busby.

Yn Old Trafford y clywodd Murphy am y trychineb. Roedd y dyn caled hwn yn ei ddagrau pan glywodd y newyddion ond teithiodd i Munich y diwrnod canlynol i weld Busby a'r lleill a oedd wedi goroesi'r ddamwain. Rhoddodd Busby gyfarwyddyd i Murphy i ddal ati yn y clwb, er yr amgylchiadau truenus.

Roedd tasg Murphy yn enfawr. Bu'n rhaid iddo geisio cadw'i emosiwn dan reolaeth wrth i'r meirwon gael eu cludo adref i Fanceinion. Aeth i angladdau'r rhai fu farw, a chadwodd mewn cysylltiad â chwaraewyr fel Bill Foulkes, Harry Gregg a Bobby Charlton gan eu bod wedi'u heffeithio'n ddirfawr gan y ddamwain. Roedd angen iddo hefyd greu tîm ar gyfer gweddill y tymor. Efallai fod ei brysurdeb wedi'r trychineb o gymorth iddo ond yn sicr bu ei waith caled yn allweddol wrth i'r clwb ailgodi ar ei draed.

Roedd safle Man U yn ddiogel yn y Cynghrair ond roedd gêmau Cwpan Lloegr i'w chwarae'n fuan. Cafodd y clwb ganiatâd i arwyddo chwaraewyr a oedd eisoes wedi ymddangos yn y gystadleuaeth a cheisiodd Murphy ddenu'r ddau Gymro talentog Mel Charles a Cliff Jones o Abertawe, ond yn ofer. Yn hytrach arwyddodd ddau chwaraewr profiadol, Ernie Taylor a Stan Crowther, ond ifanc a dibrofiad oedd gweddill y sgwad oedd ar gael i Murphy. Serch hynny, roedd Old Trafford dan ei sang yn y gêm gyntaf wedi trychineb Munich, yn erbyn Sheffield Wednesday, ym mhumed rownd Cwpan Lloegr. Ym marn y newyddiadurwr ifanc Michael Parkinson, nid gêm bêl-droed oedd hon ond cyfle i'r cefnogwyr ddangos eu galar. Roedd rhaglen y gêm yn dangos un gofod ar ddeg ar gyfer tîm Man U wrth i Murphy geisio'i orau i gasglu tîm at ei gilydd. Cyn y gêm, rhoddodd Murphy bregeth yn llawn tân i'w dîm. Siarsiodd nhw i chwarae'n galed dros y chwaraewyr a oedd wedi marw, a thros enw da Manchester United. Yna torrodd i lawr mewn dagrau. Ar don o emosiwn, enillodd Man U y gêm 3–0. Ddau ddiwrnod yn ddiweddarach bu farw Duncan Edwards, ffefryn Murphy, yn yr ysbyty yn Munich.

Gwrthwynebwyr Man U yn rownd nesaf y Cwpan oedd hen glwb Murphy, West Bromwich Albion. Roedd y tîm yn cynnwys rhai o bêl-droedwyr rhyngwladol gorau Lloegr, fel Don Howe, Bobby Robson a Derek Kevan. Ond llwyddodd Man U i ddal West Brom i gêm gyfartal ac roedd y gêm ailchwarae yn Old Trafford. Methodd y naill dîm a'r llall â sgorio hyd at y munudau olaf pan garlamodd Bobby Charlton ar hyd yr asgell dde a chroesi i'r postyn pellaf, a sgoriodd y Cymro Colin Webster unig gôl y gêm. Ar gyrion y tîm cyntaf y bu Webster am sawl blwyddyn cyn Munich. Yn ddiweddarach honnai Webster y byddai wedi bod ar yr awyren yn Munich oni bai ei fod yn dioddef o'r ffliw. Ond mewn gwirionedd ni fyddai wedi'i ddewis ar gyfer y daith. Serch hynny manteisiodd ar ei gyfle wedi trychineb Munich ac roedd ei gôl yn erbyn West Brom yn un hollbwysig.

Wedi curo Fulham, ar ôl ailchwarae, yn y rownd gynderfynol, roedden nhw yn y ffeinal ar ddydd Sadwrn cyntaf Mai. Y farn yn gyffredinol oedd i Murphy greu gwyrthiau gyda'i dîm ifanc. Ofnai Nat Lofthouse, capten Bolton Wanderers yn y ffeinal, y byddai'r emosiwn yn ysgubo Man U i fuddugoliaeth, fel yn y rowndiau blaenorol. Cred rhai i bresenoldeb Busby, a deithiodd gyda'r garfan i Wembley, greu awyrgylch digalon pan oedd angen ysbryd positif, a bod hynny wedi dylanwadu ar berfformiad y tîm. Serch hynny, Murphy, nid Busby, arweiniodd tîm Man U i'r maes. Nid oedd y chwaraewyr ar eu gorau'r diwrnod hwnnw a'r blaenwr Lofthouse sgoriodd ddwywaith – un ohonyn nhw'n gôl ddadleuol – i gipio'r Cwpan i Bolton.

Roedd Murphy'n haeddu hoe hir dros haf 1958, gymaint fu ei ymdrech i gadw ysbryd Man U yn fyw, ond roedd tasg arall o'i flaen. Gan fod Cymru wedi llwyddo i gyrraedd rowndiau terfynol Cwpan y Byd yn Sweden, byddai angen ei wasanaeth fel rheolwr. Ond roedd trefniadau Cymdeithas Bêl-droed Cymru ar gyfer y gystadleuaeth yn amaturaidd, a dweud y lleiaf. Wedi i'r garfan gyfarfod yn Llundain, doedd dim maes ymarfer wedi'i drefnu, a bu'n rhaid i'r tîm ymarfer yn Hyde Park. Er bod ganddo lais yn y dewis roedd Murphy yn anfodlon gydag aelodau'r garfan. Roedd tri chwaraewr da, Ray Daniel, Derek Tapscott a Trevor Ford, wedi pechu yn erbyn y Gymdeithas am wahanol resymau, a doedden nhw ddim wedi'u cynnwys. Cafodd Ken Morgans ei ystyried ond roedd Murphy o'r farn i Morgans ddioddef yn arw o sgileffeithiau trychineb Munich. Yn wir, ni lwyddodd

Morgans i gyflawni'r addewid roedd wedi'i ddangos cyn Munich a symudodd y Cymro yn ôl i Gymru maes o law. Ond cafodd Colin Webster ei ddewis a bu yntau'n broblem i Murphy.

Roedd Murphy wedi penderfynu defnyddio tactegau amddiffynnol yn y gystadleuaeth, gan sicrhau bod chwaraewyr canol y cae'n cilio yn ôl i ymyl y cwrt cosbi er mwyn creu rhwystr o flaen y llinell gefn. Llwyddodd y tactegau hyn i raddau, gyda Chymru'n cael gêmau cyfartal yn erbyn y tri thîm arall yn y grŵp. O ganlyniad rhaid oedd chwarae Hwngari am yr eildro am le yn y rownd gynderfynol. Roedd Hwngari o fewn trwch blewyn i ennill Cwpan y Byd yn 1954 ond nid oedd y tîm mor beryglus erbyn 1958. Penderfynodd Murphy newid y tactegau amddiffynnol gan ymosod ar bob cyfle. Aeth Hwngari ar y blaen yn gynnar yn y gêm, ond yn yr ail hanner trawodd Ivor Allchurch ergyd nerthol i'r rhwyd. Rhwydodd Terry Medwin hefyd i ddod â buddugoliaeth wych i Gymru. Torf fach iawn a wyliodd y gêm hon ac roedd llais Jimmy Murphy i'w glywed yn gweiddi ar y chwaraewyr a'r dyfarnwr drwy gydol y 90 munud.

Gwaetha'r modd, roedd hon yn gêm o daclo ffyrnig a chafodd John Charles ei lorio sawl tro gan yr Hwngariaid, ac ni allai chwarae yn y rownd nesaf. Wrth ddathlu'r fuddugoliaeth mewn clwb nos, aeth rhai o chwaraewyr Cymru dros ben llestri. Rhaid oedd talu iawndal i weinydd yn y clwb nos wedi iddo gael ei benio gan Colin Webster. Yn ffodus chlywodd y wasg ddim am y digwyddiad ond roedd Murphy yn gandryll ac o fewn rhai misoedd wedyn roedd Webster wedi'i drosglwyddo o Man U. Nid anghofiodd Murphy ac ni chwaraeodd Webster i Gymru wedi'r gystadleuaeth hon.

Ddeuddydd wedi'r fuddugoliaeth yn erbyn Hwngari, chwaraeodd Cymru yn rownd yr wyth olaf yn erbyn tîm mwyaf talentog y dydd, Brasil. Mae rhannau o'r ffilm o'r gêm sydd wedi goroesi'n dangos Murphy a John Charles yn eistedd ar y fainc yn trafod, mae'n siŵr, sut y byddai'r cawr o flaenwr wedi gallu manteisio ar groesiadau'r asgellwyr, Terry Medwin a Cliff Jones. Roedd Webster, a oedd yn arwain y llinell flaen yn absenoldeb Charles, yn rhy fyr i greu trafferthion yn yr awyr i'r Brasiliaid. Yn ffodus roedd amddiffyn Cymru'n gadarn dan arweiniad Mel Charles, brawd John, ac arbedodd Jack Kelsey, gôl-geidwad Cymru, sawl ergyd, ond nid oedd gobaith ganddo pan wyrodd y bêl i gefn y rhwyd ar ôl 66 munud. Y sgoriwr oedd bachgen 17 mlwydd oed o'r enw Pele a ddaeth yn bêl-droediwr gorau'i ddydd. Dywedodd mai'r gôl braidd yn ffodus hon yn erbyn Cymru oedd gôl bwysicaf ei yrfa.

Er y siom o golli i Brasil, gallai Murphy ymfalchïo yn ymdrech ei dîm ac ar ei gyfraniad ef i hynny. Gwaetha'r modd, er y llwyddiant hwn, siomi'r cefnogwyr wnaeth perfformiadau Cymru dros y blynyddoedd yn dilyn hyn.

Roedd Busby yn ôl wrth y llyw gyda Man U ar ddechrau tymor 1958–59. Roedd hynny'n newyddion da i Murphy gan nad oedd yn hoffi'r cyfrifoldebau gweinyddol a chyhoeddus a gâi fel rheolwr. Roedd yn llawer hapusach yn hyfforddi ar y maes ymarfer ac yn chwilio'r wlad am dalent newydd. Dyna pam y gwrthododd sawl cynnig i fynd yn rheolwr, gan gynnwys cynnig gan Arsenal.

Cymerodd ychydig o flynyddoedd i Man U adennill ei statws yn un o glybiau mwyaf y byd. Daeth nifer o chwaraewyr talentog yno, y gorau ohonyn nhw oedd eilun Stretford End, Old Trafford, Denis Law. Roedd gobeithion mawr y byddai Law'n medru creu partneriaeth ffrwythlon gyda'r Cymro Graham Moore o Chelsea yn 1963. Roedd Moore yn flaenwr tal, llawn sgiliau a sgoriodd i Gymru yn erbyn Lloegr yn ei gêm gyntaf dros ei wlad yn 1959 ond, gwaetha'r modd, dioddefodd nifer o anafiadau yn Old Trafford. Deunaw gêm yn unig a chwaraeodd i Man U a sgorio pedair gôl, cyn iddo gael ei drosglwyddo i Northampton yn 1964.

Cafodd llanc ifanc arall ei ddenu i Man U o Belfast, a daeth yn un o'r chwaraewyr gorau ar feysydd pêl-droed y byd, sef George Best. Er bod Law wedi'i anafu, roedd Best a Bobby Charlton yn y tîm a gododd Gwpan Ewrop yn 1968. Roedd ffrwyth gwaith Jimmy Murphy i'w weld hefyd ymhlith y chwaraewyr llai adnabyddus yn y tîm, fel David Sadler a John Aston. Gwnaed Busby yn farchog yn 1968 ond ni chafodd cyfraniad Murphy ei gydnabod.

Erbyn diwedd yr 1960au roedd natur y byd pêl-droed yn newid yn gyflym gyda hyfforddwyr ifanc blaengar fel Malcolm Allison yn gwneud i Murphy a'i debyg edrych yn henffasiwn a diddychymyg. Câi'r gêm hefyd ei chwarae mewn ysbryd mwy sinigaidd nag yn y gorffennol. Roedd Murphy ei hun, a llawer o'i gyfocdion, yn daclwyr caled a digyfaddawd ac er bod chwaraewyr brwnt i'w cael yn yr hen ddyddiau, eto roedd llawer o'r chwarae teg wedi diflannu o'r gêm ar y cae a hefyd ymhlith y cefnogwyr. Dyma'r cyfnod pan oedd hwliganiaeth pêl-droed ar ei waethaf ac roedd aelodau 'Red Army' Man U ymhlith y rhai gwaethaf.

Wrth i Busby symud i fwrdd y cyfarwyddwr yn 1969, cafodd Murphy ei anwybyddu gan y rheolwyr newydd a geisiai efelychu llwyddiant Busby. Yn wir teimlai iddo gael ei drin yn wael gan y clwb. Yn 1971, yn erbyn ei ewyllys, bu'n rhaid iddo ymddeol a chael swydd sgowtio rhan-amser. Collodd rai o'r breintiau a gawsai dros y blynyddoedd megis costau'r tacsis a ddefnyddiai i deithio i Old Trafford o'i gartref. Nid oedd yn medru gyrru car a bellach byddai'n teithio ar y trên. Mae'n debyg nag fyddai byth yn prynu tocyn, ond ni fyddai staff y rheilffordd yn ei holi amdano gan eu bod yn ei adnabod. Cafodd gyfnod byr a ffrwythlon yn sgowtio i Tommy Docherty pan oedd hwnnw'n rheolwr rhwng 1972 a 1979. Murphy oedd yn gyfrifol am argymell arwyddo Steve Coppell a Gordon Hill. Ond ciliodd o'r clwb yn ystod ei flynyddoedd olaf.

Bu farw Jimmy Murphy ar 8 Awst 1989. Ni fu Busby yn ymweld ag ef yn yr ysbyty, er iddo deithio'r holl ffordd i weld hen chwaraewr a rheolwr arall, Joe Mercer, mewn cartref yn y Rhyl. Ond ni fyddai Murphy yn lladd ar ei hen bennaeth. Nid oedd yn chwerw yn ei hen ddyddiau er nad oedd yn hoffi rhai o'r datblygiadau masnachol diweddar yn y gêm.

4

Mickey Thomas a
Chymeriadau Eraill

NID OEDD Y CYFNOD yn dilyn Busby a Murphy a
chyn i Alex Ferguson ddod yn rheolwr yn 1986
yn un llewyrchus i Man U. Bu'r Clwb yn yr Ail
Adran yn 1974–5, ac er iddyn nhw ennill Cwpan
Lloegr ddwywaith, nid oedd unrhyw arwydd y
gallen nhw gystadlu unwaith yn rhagor am
Gwpan Ewrop. Roedd timau gwell yn Lloegr, a
daeth Lerpwl, tîm gorau'r cyfnod, yn elyn pennaf
i gefnogwyr Man U.

Tasg anodd i sawl rheolwr fu ailadeiladu'r
tîm, yn arbennig wrth iddyn nhw weithio yng
nghysgod Busby, a oedd bellach yn aelod o
fwrdd y cyfarwyddwyr. Talwyd arian mawr am
chwaraewyr nad oedden nhw o'r un safon â Law
a Charlton, ac nid oedd yn bosib dibynnu ar
George Best. Yn 1972 ymunodd blaenwr tal o
Gaernarfon, Wyn Davies â'r clwb – un o benwyr
gorau'r bêl. Bu'n seren mewn partneriaeth â
Bryan 'Pop' Robson yn Newcastle – Davies yn
penio'r bêl uchel i gyfeiriad Robson ac yntau'n

rhwydo. Ceisiodd Man U ddefnyddio'r un patrwm gyda Ted MacDougall, ond methiant fu'r arbrawf. Dim ond 16 o gêmau a chwaraeodd Wyn Davies i Man U ac yntau wedi chwarae dros chwe chant i glybiau eraill yng nghynghreiriau Lloegr.

Chwaraeodd Wyn Davies i Gymru ar 34 achlysur ac ar adegau chwaraeodd gyda dau flaenwr tal arall, Ron Davies a John Toshack. Cafodd y triawd eu galw'n 'Welsh RAF' ac mewn un gêm er iddyn nhw sgorio tair gôl yn erbyn yr Alban, ildiwyd pump. Aeth Toshack ymlaen i ddisgleirio dros Lerpwl, ac ymunodd Ron Davies â Man U yn hwyr yn ei yrfa – yn rhy hwyr fel mac'n digwydd. Fel Wyn Davies, roedd Ron Davies yn beniwr pêl nerthol. Roedd ar ei orau yn nhîm llwyddiannus Southampton, ac ef oedd prif sgoriwr Ewrop yn nhymor 1966–7. Roedd Busby yn ei edmygu'n fawr, yn arbennig wedi iddo sgorio hatric i Southampton yn Old Trafford. Barn Busby ar y pryd oedd mai Davies oedd y blaenwr gorau yn Ewrop. Ond pan arwyddodd i Man U yn 1974, roedd yn 32 mlwydd oed a'i ddyddiau gorau wedi mynd heibio. Ffigwr ymylol ydoedd yn nhymor 1974–5, gan chwarae wyth gêm yn unig a hynny fel eilydd, cyn iddo symud i'r Unol Daleithiau lle mae'n dal i fyw.

Codwyd ysbryd Old Trafford am gyfnod yn yr 1970au gyda phenodiad Tommy Docherty yn rheolwr, gŵr lliwgar a ffraeth. Hoffai chwarae gêm ymosodol yn hen draddodiad Man U a llwyddodd i ennill Cwpan Lloegr yn 1977 drwy guro Lerpwl yn Wembley. Fodd bynnag, yn fuan wedi hynny collodd Docherty ei swydd gan ei fod yn cynnal perthynas â gwraig un o staff Old Trafford, a daeth Dave Sexton yn ei le. Roedd Sexton yn hyfforddwr penigamp ac yn disgwyl i'r tîm chwarae i batrwm arbennig. Ymunodd Ray Wilkins o Chelsea am arian mawr, pêl-droediwr deallus a phasiwr da, ond chwaraewr nad oedd wrth fodd y Stretford End. Roedden nhw'n hoffi chwaraewyr mwy mentrus i'w difyrru. Chwaraewr felly oedd Gordon Hill, asgellwr chwith a arwyddwyd o Millwall gan Tommy Docherty yn 1975.

Roedd Hill yn asgellwr chwim a thwyllodrus â'r ddawn i sgorio'n gyson ond roedd hefyd yn wirion a diog ar adegau. Pan ddaeth Sexton i Man U roedd yn disgwyl i'r asgellwyr gynorthwyo'r cefnwyr pan fyddai angen amddiffyn. Roedd Steve Coppell ar yr asgell dde'n feistr ar yr elfen honno, gan gynorthwyo'r cefnwr de, Jimmy Nicol, ar bob cyfle posib. Ond nid felly Gordon Hill, a fyddai'n loetran ar yr asgell chwith tra byddai'r cefnwr Arthur Albiston yn gorfod delio â'r holl ymosodiadau a ddeuai i'w ochr ef. Nid oedd Sexton yn hapus â'r sefyllfa a gadawodd Hill am Derby County yn 1978. Yn ei le ymunodd asgellwr mwy gweithgar, Mickey Thomas, ond un a ddeuai â'i broblemau ei hun i Old Trafford.

Un o feibion Mochdre, ger Bae Colwyn, yw Mickey Thomas. Ganed ef yn 1954 i deulu tlodaidd ond bodlon eu byd. Nid oedd y Mickey ifanc yn llwyddiannus yn yr ysgol a'i unig ddiddordeb oedd cicio pêl a bocsio. Yn wir treuliai oriau ar y traeth ym Mae Colwyn yn ymarfer ei sgiliau.

Yn bymtheg oed, ymunodd â Wrecsam ynghyd â'i gyfaill oes, Joey Jones – dau ddrygionus ond cyfeillgar, gyda dyfodol disglair o'u blaenau. Ar y pryd roedd rheolwr craff Wrecsam, John Neal, yn datblygu tîm cryf ac yn cynnwys ambell hen ben fel Arfon Griffiths yn ogystal â nifer o fechgyn ifanc addawol. Enillodd Mickey ei le yn y tîm yn 1972 a chyfrannu at sawl rhediad da yng nghystadlaethau Cwpan Lloegr a Chwpan Enillwyr Cwpanau Ewrop. Roedd yn aelod o'r tîm a ddaeth o fewn trwch blewyn i ennill dyrchafiad i'r hen Ail Adran yn 1976–7. Y flwyddyn ganlynol llwyddon nhw i ennill pencampwriaeth y Drydedd Adran gydag Arfon Griffiths yn rheolwr. Hwn oedd tymor llawn olaf Mickey Thomas gyda Wrecsam am y tro, gan iddo arwyddo i Man U yn Nhachwedd 1978.

Asgellwr chwith oedd Mickey Thomas ond un prysur ei natur a fyddai'n chwilio am y bêl ac yn cynorthwyo'r tîm gyda'i waith amddiffynnol. Roedd yn chwim a chanddo ergyd nerthol yn ei droed chwith, er nad oedd yn sgoriwr cyson a phrin oedd ei ddefnydd o'i droed dde. Dim ond 5 troedfedd 6 modfedd oedd ei daldra, ond roedd yn chwaraewr llawn egni a hynod o frwdfrydig. Ef oedd eilun Ryan Giggs pan oedd yntau'n blentyn ond er bod y ddau'n asgellwyr chwith, nid oes tebygrwydd yn eu dull o chwarae. O holl chwaraewyr cyfoes Man U, efallai mai'r un sy'n fwyaf tebyg i Mickey Thomas yw Park Ji-Sung. Cafodd rhediadau Mickey i lawr yr asgell eu disgrifio gan un sylwebydd fel 'corgi yn cael ei bigo gan wenynen'. Er ei wallt hir du a'i boblogrwydd gyda chefnogwyr y clybiau niferus y bu'n chwarae iddyn nhw, doedd e ddim yn haeddu'r llysenw a gafodd unwaith: 'George Best Cymru'.

Erbyn iddo ymuno â Man U, roedd Mickey Thomas eisoes wedi ennill ei le yn nhîm Cymru.

Enillodd ei gap cyntaf mewn gêm gyfeillgar yn erbyn Gorllewin yr Almaen yng Nghaerdydd. Yn y gêm honno sgoriodd capten yr Almaenwyr, Franz Beckenbauer, yn eu buddugoliaeth 2–0, mewn tîm a oedd hefyd yn cynnwys Karl-Heinz Rummenigge a hwnnw hefyd yn ennill ei gap cyntaf. Yn marcio Thomas roedd y cefnwr profiadol Bertie Vogts ond cafodd perfformiad y Cymro yn erbyn chwaraewyr o safon ei ganmol. Aeth Mickey Thomas ymlaen i ennill cyfanswm o 51 o gapiau i Gymru dros gyfnod o ugain mlynedd gan sgorio pedair gôl. Y gôl fwyaf cofiadwy ohonyn nhw oedd yr un yn erbyn Lloegr ar ddiwrnod braf o wanwyn yn Wrecsam yn 1980. Roedd y Saeson ar y blaen yn gynnar yn y gêm honno, ond llwyddodd Mickey Thomas i ddod â'r sgôr yn gyfartal. Wedi hynny Cymru oedd yn meistroli a sgorion nhw dair gôl i sicrhau buddugoliaeth o bedair gôl i un.

Er ei gyfraniad, ar sawl achlysur yn ystod ei gyfnod yn y tîm, methodd Cymru â chyrraedd rowndiau terfynol cystadlaethau rhyngwladol. Byddai Cymru'n boddi wrth ymyl y lan yn aml pan ddeuai'r gêmau pwysig ac angen buddugoliaeth. Roedd canlyniadau'r gêmau yn erbyn yr Alban yn 1978 ac 1986, yr Undeb Sofietaidd yn 1981, ac Iwgoslafia yn 1983, yn hynod o siomedig, ac ni chafodd Mickey Thomas y cyfle i chwarae yn rowndiau terfynol Cwpan y Byd na Phencampwriaeth Ewrop.

Roedd symud o glwb cartrefol Wrecsam i glwb enfawr Man U yn 1978 yn gam aruthrol i Mickey Thomas. Roedd yr arian a gâi gan Man U deirgwaith yn fwy nag a enillai gyda Wrecsam. I Mickey roedd yr arian yn ddibwys, chwarae pêl-droed oedd yn bwysig iddo uwchlaw popeth arall. Mae'n cyfaddef iddo deimlo'n bryderus ac ar goll. Ofnai na fedrai fyth gyrraedd disgwyliadau uchel cefnogwyr Man U na'r rheolwr, Dave Sexton. Cuddiai'i deimladau bregus y tu ôl i'w bersonoliaeth hwyliog, llawn asbri. Roedd yn parhau'n fachgen anaeddfed a bu symud i Man U fel hedfan o'r nyth i'r byd mawr. Y tro cyntaf yr aeth Mickey i Old Trafford yng nghar merch ei letywraig yn Wrecsam, bu'n rhaid iddi stopio'r car sawl gwaith er mwyn iddo chwydu ar ochr y ffordd.

Teimlai'r tensiwn yn yr ystafell newid cyn ei gêm gyntaf yn erbyn Chelsea yn Stamford Bridge ond llwyddodd i oresgyn ei nerfusrwydd yn ystod y gêm, ac o'i bas ef, sgoriodd Jimmy Greenhoff unig gôl y gêm. Yna, yn erbyn Tottenham Hotspur yn ei gêm gyntaf yn Old Trafford, clywodd y dorf yn canu am y tro cyntaf

'There's only one Mickey Thomas'. Ond yn y pen draw rhoddodd hyn fwy o bwysau arno ac er y bravado nid oedd yn hoffi'r syniad o fod yn eilun y dorf nac yn llygad y cyhoedd.

Roedd wedi priodi'n ifanc gyda chyn-frenhines harddwch, ac efallai petai'r briodas honno'n un sefydlog y byddai wedi bod yn haws iddo yn Old Trafford. Fodd bynnag roedd ei briodas yn un stormus ac ysgariad ar y gorwel, a'i unig angor oedd cartref ei rieni ym Mochdre. Roedd yn ennill digon o arian i brynu dillad smart a char llachar ond troi fwyfwy at y ddiod a wnaeth. Er mwyn ymlacio, byddai'n yfed poteli o win ar nos Wener – nid y ffordd orau i baratoi ar gyfer gêm fawr y diwrnod wedyn.

Serch hynny, nid oedd ei berfformiadau i Man U yn wael o bell ffordd. Cafodd ei ddewis yn chwaraewr y gêm yn rownd gynderfynol Cwpan Lloegr yn erbyn Lerpwl ar faes Maine Road, Manceinion. 2–2 oedd y sgôr y diwrnod hwnnw ond enillodd Man U yr ailchwarae ar Barc Goodison, cartref Everton. Arsenal oedd gwrthwynebwyr Man U yn y ffeinal yn Wembley ar 12 Mai 1979. Efallai fod yr elfen ddireidus yng nghymeriad Mickey Thomas ar ei fwyaf amlwg cyn y gêm honno. Câi'r chwaraewyr eu cyflwyno i'r Tywysog Charles gan gapten Man U, Martin Buchan. Daeth tro Mickey Thomas, ac wedi iddo ddweud ei fod yn dod o Gymru holodd y Tywysog o ble? Cafodd yr ateb, Bae Colwyn. Dywedodd y Tywysog iddo fod yno a chafodd ymateb cyflym, 'Dach chi ddim wedi bod gyda fy misus i, ydach chi?!'

Roedd y ffeinal ei hun yn gêm eithaf diflas am 85 munud, ac Arsenal yn gyfforddus ar y blaen o ddwy gôl. Yna sgoriodd Man U ddwywaith. Ond o fewn eiliadau i'r goliau hyn aeth yr amddiffyn i gysgu am foment a rhwydodd Alan Sunderland i Arsenal. Roedd hynny'n siom i Mickey Thomas ond roedd yn amlwg fod y rheolwr Dave Sexton yn fodlon iawn â'i gyfraniad. Ysgrifennodd air o ganmoliaeth iddo yn rhaglen y gêm rhwng Cymru a'r Alban ym Mai 1979:

Y peth mawr am Mickey yw ei frwdfrydedd. Bydd bob amser yn ceisio gwella'i gêm ac mae'n donig rhyfeddol i'w gael yn y Clwb – mor fywiog â'i bersonoliaeth gyfeillgar. Ni all ond gwella fel chwaraewr i Gymru ac i ni.

Ond roedd y ddau dymor nesaf yn hunllef i'r Cymro. Er iddo gael ei ddewis yn chwaraewr y flwyddyn gan y cefnogwyr, treuliai ormod o amser yn gamblo ac yn yfed, roedd ei briodas ar chwâl, ac roedd y tensiynau o berthyn i Man U yn ormod iddo. Er y byddai'n colli sesiynau hyfforddi'n gyson, roedd yn parhau'n aelod gwerthfawr o'r tîm. Daeth y penllanw ar ddiwedd tymor 1980–1. Roedd Sexton wedi'i ddiswyddo a chyn dechrau'r tymor newydd, roedd y clwb wedi trefnu i'r garfan deithio i'r Dwyrain Pell i ymbaratoi. Nid oedd Mickey Thomas yn hoff o hedfan ac, wedi cyrraedd Heathrow, penderfynodd yn y fan a'r lle droi am adref. Hedfanodd ei fagiau i Kuala Lumpur ond Mochdre oedd pen y daith i Mickey. Yn fuan wedi hyn cafodd ei alw i weld cadeirydd Man U a chynigiodd hwnnw fwy o arian iddo. Ond nid dyna oedd ei broblem. Ceisiodd y rheolwr newydd Ron Atkinson ei berswadio i aros ond mynnodd Mickey nad oedd bellach yn medru dygymod â'r holl bwysau o chwarae i Man U. O fewn dim roedd ar ei ffordd i Everton, y clwb a gefnogai pan oedd yn blentyn.

Tair gêm ar ddeg yn unig a chwaraeodd Mickey Thomas i Everton cyn iddo gael ei drosglwyddo unwaith eto, y tro hwn i Brighton. Symudodd o glwb i glwb wedi hynny, gan roi o'i orau ar y cae ond gan greu trafferthion oddi arno gyda'i ymddygiad anwadal. Un o'r clybiau y bu'n chwarae iddyn nhw oedd Chelsea, clwb oedd yn cael ei reoli ar y pryd gan gyn-reolwr Wrecsam, John Neal. Roedd Chelsea yn yr hen

Ail Adran yn y dyddiau hynny ond roedd y gobeithion yn uchel am ddyrchafiad i'r Adran Gyntaf. Roedd Neal hefyd wedi arwyddo hen gyfaill Mickey Thomas, Joey Jones, ac yn fuan roedd y ddau wedi ailgydio yn eu drygioni fel yn ystod eu cyfnod yn Wrecsam.

Un o'r amodau a roddodd Ken Bates, cadeirydd Chelsea ar y pryd hwnnw, oedd bod angen i Mickey Thomas symud i fyw yn agosach i Lundain. Ymateb Mickey Thomas oedd cynnig symud o Fae Colwyn i Rhyl! Ond aros yn ei hen gartref a wnaeth. Byddai ef a Joey Jones yn teithio gyda'i gilydd bob bore o'u cartrefi yng ngogledd Cymru er mwyn cyrraedd maes hyfforddi Chelsea erbyn 10.30 y bore, ar ôl gyrru am bum awr. Ambell dro byddai Mickey yn aros dros nos yn ystafell y dyfarnwr yn Stamford Bridge, gyda merch neu ddwy'n gwmni iddo. Er y cambihafio, cynorthwyodd Chelsea i ennill Pencampwriaeth yr Ail Adran yn 1984, ond yn fuan wedi hynny cafodd John Neal salwch a daeth John Hollins yn rheolwr yn ei le. O fewn dim roedd Mickey Thomas ar ei ffordd i glwb arall, West Bromwich Albion y tro hwn.

Wedi cyfnodau gyda West Brom, Derby, Wichita Wings (yn yr Unol Daleithiau), yr Amwythig, Leeds United a Stoke, daeth Mickey Thomas yn ôl i'w hen gartref, Wrecsam, yn

1991. Gan ei fod yn ffefryn gyda'r cefnogwyr, ni fu fawr o dro cyn setlo yno, ac ar 4 Ionawr 1992 daeth un o uchafbwyntiau ei yrfa. Roedd Wrecsam wedi disgyn i waelod Pedwaredd Adran y Cynghrair ar ddiwedd tymor 1990–1 ond yn ffodus iddyn nhw, cadwodd y clwb ei le yn y Cynghrair.

Yn Ionawr 1992 gwrthwynebwyr Wrecsam yn nhrydedd rownd Cwpan Lloegr oedd Arsenal, Pencampwyr yr Adran Gyntaf. Roedd y Cae Ras dan ei sang am y tro cyntaf ers blynyddoedd ond roedd disgwyl y byddai'r 'Gunners' yn ennill yn hawdd. Pan sgoriodd Arsenal yn gyntaf edrychai fel petai cyfle Wrecsam i greu sioc ar ben. Yna, gyda deg munud i fynd, enillon nhw gic rydd ychydig y tu allan i gwrt cosbi Arsenal. Hawliodd Mickey Thomas y fraint o gymryd y gic honno – rhediad byr, ergyd nerthol â'r droed chwith, heibio'r wal amddiffynnol, a heibio David Seaman, gôl-geidwad Arsenal, i gefn y rhwyd. Fe aeth torf y Cae Ras yn wyllt ond roedd mwy i ddod. Rhwydodd Steve Watkin gôl arall i Wrecsam ac roedden nhw wedi creu un o'r canlyniadau mwyaf annisgwyl yn holl hanes y gêm.

Am gyfnod byr iawn y bu Mickey Thomas yn arwr. O fod ar dudalen gefn pob papur newydd, ymddangosodd ei enw ar y tudalennau blaen wrth iddo wynebu cyfnod yn y carchar. Wythnos wedi'r fuddugoliaeth daeth yr heddlu i'w gartref i'w arestio ar gyhuddiad o ddosbarthu papurau deg ac ugain punt ffug. Bu cwmwl y cyhuddiad uwch ei ben am ddeunaw mis oherwydd oedi cyn i'r achos ddod i'r llys. Aeth i drafferthion pellach pan ymosododd brawd ei gyn-wraig arno. Roedd ei frawd yng nghyfraith wedi'i ddal yn ffwcio ei gyn-wraig ef mewn car ar lôn dawel ger Llanelwy. Cafodd Mickey Thomas ei anafu'n ddifrifol â sgriwdreifer a morthwyl yn yr ymosodiad a threuliodd gyfnod yn yr ysbyty. Cafodd yr ymosodwr a chyfaill iddo ddwy flynedd o garchar am y drosedd.

Roedd gyrfa Mickey Thomas fel pêl-droediwr yng nghynghreiriau Lloegr yn dirwyn i ben a chwaraeodd ei gêm olaf i Wrecsam yn Crewe Alexandra. Collodd ei dymer yn y gêm gan gicio un o'r gwrthwynebwyr a derbyn cerdyn coch gan y dyfarnwr. Roedd yn ddiweddglo trist. Yng Ngorffennaf 2010 cafodd ddeunaw mis o garchar a dyddiau hunllefus yng nghwmni troseddwyr peryglus a threisgar carchar Walton, Lerpwl. Yn ddiweddarach cafodd ei drosglwyddo i garchardai agored a'i ryddhau ar ôl naw mis dan glo.

Yn ei hunangofiant dywed Mickey Thomas iddo gael ei feirniadu'n annheg gan y Barnwr

Gareth Edwards wrth iddo'i ddedfrydu i garchar. Ond mewn gwirionedd ni fedrai ddisgwyl cydymdeimlad gan y llys gan iddo arwain rhai o fechgyn ifanc clwb Wrecsam ar gyfeiliorn drwy ddosbarthu arian ffug iddyn nhw.

Yn dilyn ei gyfnod yn y carchar, roedd Mickey Thomas mewn trafferthion ariannol. Gan fod ei wraig wedi'i adael a'i fam wedi marw o gancr, roedd yn rhaid iddo fagu ei ddau blentyn, Aaron a Jade. Cafodd gymorth ei deulu, a ffrindiau fel Joey Jones, ond roedd bywyd yn galed ac alcohol yn gysur rhy gyfleus. Yn ystod y blynyddoedd diwethaf, fodd bynnag, a heb golli dim o'i ddireidi, llwyddodd Mickey Thomas i roi trefn ar ei fywyd. Cafodd waith gyda'r cyfryngau gan gynnwys MU TV ac fel sylwebydd ar wasanaethau radio ym Manceinion. Mae hefyd wedi ymddangos yn gyson ar Soccer AM, rhaglen boblogaidd ar sianel SKY. Nid yw bellach yn yfed alcohol; gwell ganddo baned o de, ac mae'n cadw'n heini drwy redeg gyda'i gi ar y mynyddoedd uwchben Bae Colwyn.

Mae un peth arall wedi newid. Mae'r gwallt hir du, a oedd yn nodwedd mor drawiadol o'i gyfnod fel chwaraewr, wedi diflannu. Bellach mae'n gwbl foel ond yn parhau mor adnabyddus ag erioed. Er ei feiau, mae cefnogwyr y bêl gron yn hoff o'r llanc o Fae Colwyn a roddodd gymaint o bleser iddyn nhw yng nghrysau cochion Wrecsam, Man U a Chymru.

Tua'r un cyfnod ag y gadawodd Mickey Thomas Old Trafford, roedd Cymro arall wedi dechrau dod i'r amlwg fel asgellwr gyda Man U. Ei enw oedd Alan Davies ac erbyn diwedd tymor 1982–3, roedd wedi ennill ei le yn y tîm cyntaf ar ôl ymddeoliad Steve Coppell oherwydd anaf. Roedd Alan Davies yn nhîm Man U yn ffeinal Cwpan Lloegr yn erbyn Brighton ym Mai 1983, gan chwarae rhan allweddol yn yr ailchwarae, pan enillodd Man U, 4–0. Er ei fod wedi'i eni ym Manceinion, roedd ei rieni'n Gymry ac enillodd ei gap cyntaf yn 1983. Chwaraeodd 13 gwaith dros Gymru mewn cyfnod o saith mlynedd.

Wedi anaf i'w figwrn yn haf 1983, collodd ei le yn nhîm Man U, ac yn ddiweddarach cafodd ei drosglwyddo i Newcastle United. Erbyn 1987 roedd ar lyfrau Abertawe ond yn 1992, ac yntau'n ddim ond 30 oed, cafodd ei gorff ei ddarganfod yn ei gar mewn man tawel ger Abertawe. Roedd wedi lladd ei hun. Diwedd trist oedd hwn i chwaraewr talentog.

Y tymor ar ôl i Alan Davies chwarae yn ffeinal Cwpan Lloegr, cafodd Cymro arall ei gyfle cyntaf yn lliwiau Man U. Un o feibion Castell-nedd oedd Clayton Blackmore a rhwng 1985 a 1998 enillodd 39 cap dros Gymru, a chwarae dros 250 o gêmau i Man U.

Roedd Blackmore yn chwaraewr amryddawn. Cyn dechrau rhifau carfan, byddai chwaraewyr yn gwisgo rhifau 1 i 11. Llwyddodd Blackmore i wisgo crys gyda phob rhif rhwng 2 ac 11 dros Man U yn ystod ei yrfa rhwng 1984 ac 1994. Serch hynny, ei hoff safle oedd cefnwr chwith ond yn ystod ei dymhorau olaf gyda Man U roedd Alex Ferguson yn dueddol o ddewis Denis Irwin yn y safle hwnnw. Awr fawr Blackmore oedd arbed gôl sicr yn erbyn Barcelona yn rownd derfynol Cwpan Enillwyr Cwpanau Ewrop yn 1991. Roedd Man U yn ennill 2–1 ar y pryd ac roedd arbediad Blackmore yn allweddol yn y fuddugoliaeth yn erbyn y tîm disglair o Gatalonia.

Oddi ar y cae, roedd Blackmore yn enwog am fercheta yn ystod ei ddyddiau gyda Man U. Roedd yn fachgen golygus, gyda lliw haul parhaol (cafodd y llysenw 'Sunbed'), a byddai'n crwydro clybiau Manceinion i chwilio am ferched. Yn 1987 priododd 'beautician' o'r enw Jackie ond ar ddiwedd y flwyddyn cafodd ei arestio ar gyhuddiad o drais. Roedd chwaraewyr Man U yn Bermuda yn cael gwyliau ganol tymor, pan gyfarfu Blackmore ag Americanes mewn clwb nos. Cyhuddodd hi Blackmore o'i threisio a rhoddwyd y Cymro o dan glo. O'i gael yn euog byddai wedi'i garcharu am o leiaf saith mlynedd ond yn ffodus iddo, fe dynnodd y ferch y cyhuddiad yn ôl, a chafodd Blackmore ei ryddhau. Roedd yn y newyddion unwaith yn rhagor yn 1991 a'r *News of the World* yn sôn am ei berthynas â barforwyn.

Dair blynedd yn ddiweddarach trosglwyddwyd ef i Middlesbrough ac yn ddiweddarach, ac yntau yn ei bedwardegau, gorffennodd ei yrfa drwy chwarae yng Nghynghrair Cenedlaethol Cymru, gyda Bangor, Porthmadog a Chastell-nedd.

5

'Siawns Am Gêm?'
Mark Hughes, Y Tarw Tawel

PAN DDAETH RON ATKINSON yn rheolwr ar Man U yn haf 1981, ei dasg gyntaf oedd bwrw llinyn mesur dros y chwaraewyr oedd yn y clwb. Ymhlith y blaenwyr roedd Frank Stapleton a llanc ifanc addawol o Ogledd Iwerddon, Norman Whiteside. Ymhlith aelodau'r ail dîm roedd Cymro ifanc tawel iawn o'r enw Mark Hughes. I gychwyn, nid oedd gan Atkinson feddwl uchel o Hughes, a fu yn yr ail dîm am gyfnod eithaf hir ond heb greu fawr o argraff. Yna penderfynodd hyfforddwr yr ail dîm, Syd Owen, ei symud i chwarae ymhlith y blaenwyr, a newidiodd gyrfa Hughes. Gwelodd Atkinson ef mewn gêm ieuenctid yn erbyn Sunderland, a sylweddoli bod talent aruthrol o dan y mop o wallt cyrliog.

Chwaraeodd Hughes ei gêm gyntaf i Man U oddi cartref yn Rhydychen yn Nhachwedd 1984 a sgorio unig gôl y tîm mewn gêm gyfartal. O fewn dim o dro roedd wedi ennill ei gap cyntaf dros Gymru ac erbyn y tymor canlynol roedd Hughes yn aelod gwerthfawr o dîm Man U, gan sgorio 25 gôl mewn 55 gêm. Wedi hynny nid oedd pall ar ei gyfraniad i'w glwb a'i wlad.

Fel rhai o chwaraewyr dyddiau cynnar y clwb, deuai Mark Hughes o bentref diwydiannol Rhiwabon, ger Wrecsam. Dangosodd addewid cynnar ac yn 1978, yn bymtheg oed, cafodd ei ddarganfod gan Hugh Roberts, sgowt Man U yng ngogledd Cymru. Yn ôl Roberts, hogyn swil oedd Hughes a phan gynigiodd Dave Sexton, rheolwr Man U ar y pryd, ei arwyddo fe wrthododd. Pan holodd Roberts pam, ateb y Cymro ifanc oedd dweud ei fod am arwyddo i Roberts nid i Sexton! Fel Mickey Thomas, roedd perthynas Mark Hughes â'i gartref a'i gyfeillion yn Rhiwabon yn gryf. Nhw a roddodd y llysenw 'Sparky' iddo, cymeriad mewn comic bryd hynny – enw da i un mor dawel. Hoffai Ron Atkinson ddefnyddio'r llysenw hwnnw wrth dynnu'i goes.

Hyd yn oed wedi i Hughes ennill ei le yn nhîm cyntaf Man U, byddai'n dychwelyd yn aml i Riwabon. Ar ôl gêm, tra byddai rhai o'r chwaraewyr yn anelu am glybiau Manceinion, byddai Hughes yn teithio adref i Gymru. Yn wir, profodd hyn yn broblem iddo. Dechreuodd fynd allan gyda'i gyfeillion i dafarndai lleol fel y

Duke of Wellington ac yfed yn drwm. Wedi peint neu ddau, byddai cymeriad Hughes yn newid. Diflannai ei swildod a byddai'n mwynhau'r 'crac' gystal â neb.

Am gyfnod yn yr 1980au, yfai'n gyson yn ystod yr wythnos ac eithrio ar y noson cyn gêm. Ar ôl cyfnod mewn 'digs', aeth i fyw i fflat o fewn tafliad carreg i faes ymarfer Man U, 'the Cliff'. Byddai'n medru codi'n hwyr wedi noson o yfed trwm a chyrraedd y maes mewn pryd. Serch hynny, gwyddai nad oedd yn twyllo neb gan eu bod yn gallu arogli'r cwrw. Roedd yn ffodus ei fod yn hynod o gryf yn gorfforol ac nid oedd yn cael ei anafu'n aml. Câi ei ddewis felly ar gyfer bron pob gêm.

Roedd hefyd yn lwcus nad ef oedd yr unig un â'r enw o fod yn yfed yn drwm. Mae traddodiad hir o yfed yn y byd pêl-droed, gydag ambell un, fel Jimmy Greaves, Tony Adams a George Best, yn dioddef o alcoholiaeth. Yn yr 1980au roedd chwaraewyr enwocaf Man U, fel Norman Whiteside, Bryan Robson a Paul McGrath, yn treulio oriau mewn bariau neu yng nghlybiau'r ddinas, ac eto'n medru perfformio'n wych ar y maes pêl-droed. Doedd Hughes ddim yn eithriad felly. Iddo ef roedd yfed yn ffordd o ymlacio ac anghofio am densiynau'r gêm. Ffordd o fyw oedd yr yfed trwm yn y cyfnod cyn cael ei drosglwyddo o Man U yn 1986. Dim ond wedi hynny y daeth i sylweddoli'r niwed a wnâi goryfed i'w gorff.

Yn ei dymor llawn cyntaf yn y tîm cyntaf, daeth Man U yn bedwerydd yn Adran Gyntaf y Cynghrair, gyda Hughes yn brif sgoriwr, a chafodd ei ddewis hefyd yn chwaraewr ifanc gorau'r PFA. Roedd Hughes hefyd yn y tîm a enillodd Gwpan Lloegr drwy guro Everton 1–0. Caiff y ffeinal ei chofio am benderfyniad y dyfarnwr i anfon Kevin Moran o'r cae am drosedd ar Peter Reid ac am gôl Norman Whiteside.

Ar ddechrau tymor 1985–6, enillodd Man U y deg gêm gyntaf, gan godi i frig yr Adran Gyntaf gyda mantais o ddeg pwynt ar ddechrau Tachwedd. Yn anffodus i getnogwyr nad oedd â thocyn i Old Trafford, nid oedd modd gwylio'r gêmau ar y teledu oherwydd anghytundeb rhwng y cwmnïau teledu a'r Cynghrair. Erbyn mis Ionawr 1986 pan gâi'r gêmau eu dangos unwaith eto roedd Everton wedi dal Man U yn y tabl, eto i gyd gelynion pennaf Everton a Man U, sef Lerpwl, gipiodd y Bencampwriaeth y tymor hwnnw. Barn Hughes oedd bod anafiadau i chwaraewyr allweddol, fel Robson, Strachan a Whiteside, yn ail hanner y tymor wedi arafu momentwm Man U. Ond er bod Hughes unwaith yn rhagor yn brif sgoriwr y clwb gydag 16 gôl, roedd llawer o'r farn mai ef oedd yn gyfrifol am ail hanner siomedig i'r tymor.

Y rheswm am hyn oedd bod Hughes wedi arwyddo cytundeb cyfrinachol gyda Barcelona i ymuno â'r clwb o Gatalonia ar ddiwedd y tymor. Doedd yr un o'r ddau glwb am ddatgelu hyn rhag effeithio ar weddill y tymor ond roedd sibrydion i'w clywed yn aml yn Old Trafford. Gwnaeth Hughes bob ymdrech i gynorthwyo Man U i ennill y Bencampwriaeth ond nid oedd hynny'n ddigon wrth i Lerpwl ennill wyth o'i naw gêm olaf.

Roedd diddordeb Barcelona mewn arwyddo Mark Hughes yn ganlyniad un gôl ryfeddol a sgoriodd yn 1985. Nid crys coch Man U roedd yn ei wisgo y noson honno ond crys coch ei wlad.

Roedd Hughes eisoes wedi ennill ei gap cyntaf yn erbyn Lloegr ddechrau Mai 1984. Ar Gae Ras Wrecsam, roedd Hughes yng nghwmni rhai o gewri'r bêl gron yng Nghymru, gan gynnwys Neville Southall, Kevin Ratcliffe ac Ian Rush. Ar ôl 17 munud croesodd cyd-chwaraewr iddo o Man U, Alan Davies, y bêl i'r cwrt cosbi a pheniodd Hughes hi i gefn y rhwyd heibio i Peter Shilton, gôl-geidwad profiadol Lloegr. Hon oedd unig gôl y gêm, a'r gêm olaf rhwng Cymru a Lloegr ym Mhencampwriaeth Prydain gan iddi gael ei dileu wedi hynny. Ond nid honno oedd y gôl a ddaeth â sylw rhyngwladol i Hughes.

Wedi chwarae chwe gêm arall dros ei wlad, daeth yr her i Hughes chwarae mewn gêm bwysig ar y Cae Ras yn Ebrill 1985 yn erbyn un o wledydd cryfaf y byd pêl-droed, sef Sbaen. Roedd y Sbaenwyr eisoes wedi curo Cymru yn rowndiau rhagbrofol Cwpan y Byd 1986, ac roedd buddugoliaeth yn hanfodol i obeithion Cymru. O flaen torf fawr, aeth Cymru ar y blaen ychydig cyn yr egwyl, wrth i Rush fanteisio ar gamgymeriad gan gôl-geidwad Sbaen, Arconada. Yna, ar ôl wyth munud o'r ail hanner, daeth un o'r goliau gorau a sgoriwyd erioed gan Gymro. Croesodd Peter Nicholas gic rydd i'r postyn pellaf ac amddiffynwyr Sbaen yn hanner ei chlirio i ymyl y cwrt cosbi. Yno roedd Mark Hughes ac wrth i'r bêl adlamu'n uchel, gwyrodd ei gorff a tharanu foli nerthol i gefn y rhwyd. Cyfaddefodd wedi hynny iddo gredu bod y dyfarnwr am roi cic rydd i Sbaen cyn i'r bêl ei gyrraedd, ond iddo benderfynu ergydio am y gôl beth bynnag. Bydd y gôl honno'n aros am byth ar gof pawb oedd yn Wrecsam y noson honno, gan gynnwys awdur y gyfrol hon. Ond hefyd roedd sylw'r byd bellach ar Hughes, ac yn arbennig felly gyfarwyddwyr Barcelona.

Dangosai Hughes sgiliau arbennig wrth sgorio

goliau ond roedd hefyd yn ddigon cryf yn gorfforol i gadw'r bêl a chreu cyfleoedd i eraill. Roedd wedi datblygu'n chwaraewr cystadleuol a fyddai'n ymladd yn galed am y bêl er nad oedd byth yn frwnt. Roedd ganddo goesau fel boncyffion, mewn dyddiau pan oedd taclo o'r cefn yn gyfreithlon, ac yn un o'r chwaraewyr dewr a phrin a fedrai gadw rheolaeth ar y bêl dan bwysau. Nid oedd yn syndod iddo gael y llysenw 'El torro' – 'y tarw' – pan aeth i chwarae yn Sbaen. Cafodd enw hefyd fel sgoriwr goliau arbennig, gyda chiciau beisicl a folïau nerthol. Mae'n anodd ei gymharu â chwaraewyr heddiw ond yr agosaf iddo yn nhîm presennol Man U yw Wayne Rooney, gan fod y ddau'n gryf a phenderfynol wrth greu a sgorio goliau.

Y Sais Terry Venables – 'El Tel' i'r cyfryngau – oedd rheolwr Barcelona ar y pryd. Ddiwedd 1985 cysylltodd Barcelona a Man U a chynnig bron i £2 filiwn am y Cymro, swm sylweddol iawn am bêl-droediwr yn y dyddiau hynny. Nid oedd Hughes ar gyflog uchel a chafodd gynnig cyflog llawer uwch gan Barcelona na'r £200 yr wythnos a gâi gan Man U. Nid oedd am adael Man U mewn gwirionedd ond roedd yn ymwybodol iddo dderbyn cyfle euraid, yn arbennig gan fod clybiau Lloegr wedi'u gwahardd rhag cystadlu yng nghystadlaethau Ewrop wedi trychineb Heysel yn 1985 – digwyddiad treisgar wedi'i achosi gan gefnogwyr Lerpwl. Teimlai hefyd nad oedd yn derbyn y parch dyledus gan y rheolwr Ron Atkinson, a dueddai i anwybyddu'r chwaraewyr ifanc a rhoi'r sylw i chwaraewyr hŷn fel Bryan Robson a Gordon Strachan.

Arwyddodd Hughes i Barcelona yn Rhagfyr 1985, wedi taith gyfrinachol i'r Swistir, ond ni fyddai'n ymuno â'i glwb newydd tan yr haf. Roedd diwedd tymor 1985–6 yn hunllef iddo a bu'n yfed yn drwm er mwyn ceisio cael gwared o'i nerfusrwydd.

Roedd Terry Venables yn rheolwr craff, ac arwyddodd Gary Lineker o Everton i fod yn bartner i Hughes yn y llinell flaen gan fod ei bersonoliaeth o'r un natur â chwaraewyr eraill Sbaen ond yn wahanol i Hughes. Roedd bywyd ym mhrifddinas Catalonia yn wahanol iawn i'r hyn roedd Hughes wedi arfer ag ef ym Manceinion, heb sôn am Riwabon. Roedd dull Lineker o chwarae hefyd yn fwy at ddant cefnogwyr Barcelona. Sgoriai fwy o goliau na Hughes ac nid oedd y cefnogwyr yn gwerthfawrogi cyfraniad Hughes wrth iddo greu cyfleoedd i'r Sais. Wedi tymor siomedig gyda Barcelona, cafodd Hughes ei anfon ar fenthyg i'r Almaen i chwarae i Bayern Munich.

Roedd y gêm yn yr Almaen yn fwy tebyg i ddull Hughes o chwarae ac fe gafodd ambell frwydr galed yn erbyn amddiffynwyr pwerus fel Guido Buchwald. Byddai cyfle iddo dalu 'nôl i hwnnw maes o law.

Yn ystod ei gyfnod gyda Bayern Munich, dangosodd ei ffitrwydd mewn ffordd anarferol iawn. Yn Nhachwedd 1987 chwaraeodd gêm i Gymru yn erbyn Tsiecoslofacia ym Mhrag yn y prynhawn, cyn teithio mewn jet i Munich gyda'r nos. Roedd Uli Hoeness, rheolwr Bayern, yn cwrdd â Hughes ym maes awyr Munich, ac aeth ag ef ar ras wyllt yn ei gar i'r clwb i chwarae gêm gwpan bwysig yn erbyn Borussia Mönchengladbach. Cyrhaeddodd ar hanner amser ac, wedi i Borussia sgorio'n gynnar yn yr ail hanner, aeth ar y cae yn eilydd. Bayern enillodd y gêm wedi amser ychwanegol. Doedd dwy gêm mewn un diwrnod ddim yn broblem i Hughes, er iddo gael siom wrth i Gymru golli'r gêm ym Mhrag, 1–0.

Yn 1988 cafodd Hughes ar ddeall bod Juventus yn awyddus i'w arwyddo, gan obeithio creu partneriaeth rhyngddo ag Ian Rush a oedd wedi ymuno â'r clwb o'r Eidal yn 1987. Roedd y ddau wedi cydweithio'n dda yng nghrys coch eu gwlad ond, fel Hughes yn Sbaen, nid oedd Rush wedi setlo yn yr Eidal. Mae'n amlwg bod y sibrydion wedi cyrraedd clustiau rhai o chwaraewyr yr Eidal gan i Hughes gael croeso milain gan amddiffynwyr yr Azzurri mewn gêm gyfeillgar yn erbyn Cymru ym Mehefin 1988. Cafodd ei gicio'n ddidrugaredd gan Bergomi a Ferri, y ddau amddiffynnwr o Inter Milan, ac er i Rush sgorio unig gôl y gêm i Gymru, roedd Hughes yn gleisiau i gyd ar y diwedd. Ni symudodd i Juventus ond y flwyddyn ganlynol cafodd Hughes gyfle i ddychwelyd i'w hen glwb Man U unwaith yn rhagor.

Er y profiadau diflas yn Barcelona, teimlai Hughes iddo ddysgu llawer wrth chwarae ar y Cyfandir, yn arbennig yn yr Almaen. Sylweddolodd pa mor bwysig oedd cymryd sesiynau ymarfer o ddifri a chredai i'w berfformiadau wella oherwydd hynny. Daeth yr yfed trwm i ben hefyd. Roedd yn edrych ymlaen at chwarae i reolwr Man U, Alex Ferguson, a oedd wedi'i benodi yn 1986. Gwelodd yn syth fod Ferguson yn ddyn penderfynol a oedd, fel yntau, yn casáu colli. Byddai Ferguson yn aml yn colli'i dymer gyda chwaraewyr unigol yn yr ystafell newid, gan sefyll mor agos â phosibl atynt a gweiddi'n groch yn eu hwynebau. Mae'n debyg mai Hughes a fathodd y term 'hairdryer treatment' am y weithred honno. Ni fyddai Ferguson yn ofni gwneud penderfyniadau anodd ac amhoblogaidd. Yn wir, roedd wedi dechrau cael gwared ar chwaraewyr nad oedd yn dangos y ddisgyblaeth angenrheidiol. Nid oedd trosglwyddo arwyr Old Trafford fel Norman Whiteside, Gordon Strachan a Paul MacGrath yn plesio'r cefnogwyr. Ar un adeg cododd cefnogwr faner yn Old Trafford ac arni'r geiriau: '3 years of excuses and it's still crap… ta-ra Fergie'.

O ystyried llwyddiant Ferguson yn ddiweddarach, mae'n rhyfeddol cofio am y feirniadaeth gyson ohono yn ei ddyddiau cynnar gyda Man U. Ond yn araf deg roedd yn adeiladu tîm o chwaraewyr y gallai ymddiried ynddyn nhw. Fel Busby a Murphy, rhoddodd bwyslais mawr ar ddatblygu pêl-droedwyr ifanc. Roedd Mark Hughes y math o chwaraewr a edmygai Ferguson. Disgrifiodd Ferguson ef unwaith fel ymladdwr y gallech ymddiried eich bywyd ynddo. Iddo ef Hughes oedd blaenwr dewraf ei ddydd.

Yn ei dymor cyntaf yn ôl gyda Man U, 1988–9, enillodd Hughes wobr Chwaraewr y Flwyddyn y PFA, ond siomedig oedd canlyniadau'r tîm ar y cae. Y flwyddyn ganlynol enillon nhw Gwpan Lloegr, gyda Hughes yn sgorio ddwywaith yn y ffeinal yn erbyn Crystal Palace. 3–3 oedd y sgôr ar y diwedd ond enillodd Man U yr ailchwarae, 1–0. Rhoddodd y fuddugoliaeth hon gryn hyder i Man U a'r tymor canlynol roedd cyfle i gystadlu yng nghystadleuaeth Cwpan Enillwyr Cwpanau Ewrop.

Dangosodd y tîm aeddfedrwydd drwy frwydro i rownd derfynol y gystadleuaeth hon yn Rotterdam. Yn eu herbyn roedd hen glwb Hughes, Barcelona. Erbyn hynny rheolwr Barca oedd Johan Cruyff, seren yr Iseldiroedd yn yr 1970au, ac roedd ei dîm yn cynnwys ei gyd-wladwr Ronald Koeman, a sêr eraill fel Michael Laudrup a Gary Lineker. Barca oedd y ffefrynnau ond aeth miloedd o gefnogwyr Man U i stadiwm Rotterdam heb boeni dim am y glaw a syrthiai'n ddi-baid y noson honno.

Ar ddechrau'r ail hanner peniodd Steve Bruce y bêl tuag at y gôl a sicrhaodd Hughes ei bod hi'n croesi'r llinell. Wyth munud yn ddiweddarach, cafodd Hughes gyfle ar ochr dde'r cwrt cosbi. Llwyddodd i fynd heibio'r gôl-geidwad ac, er yr ongl gyfyng, fe daranodd ergyd i gefn y rhwyd. Roedd amser ar ôl i Koeman rwydo o gic rydd ac i Clayton Blackmore arbed Man U drwy glirio'r bêl oddi ar y llinell, wrth i Barcelona bwyso yn y munudau olaf. Ond buddugoliaeth Man U oedd hi'r noson honno. Roedd Hughes wedi profi pwynt yn erbyn ei hen glwb ac nid oedd amheuaeth ei fod bellach yn un o ffefrynnau mawr cefnogwyr Man U. Cyfaddefodd nad oedd teimlad gwell i'w gael na derbyn cefnogaeth y dorf yn Old Trafford, na theimlad gwaeth wrth gael ei feirniadu ganddyn nhw.

Er y llwyddiant yn Rotterdam, prif nod Ferguson oedd ennill Pencampwriaeth y Cynghrair. Cafwyd cyfle euraid yn nhymor 1991–2, ond gyda Man U yn gorfod chwarae pedair gêm mewn wyth niwrnod tua diwedd y tymor, boddi yn ymyl y lan fu'r hanes unwaith yn rhagor. Roedd tîm Ferguson wedi gwella'n gyson dros y blynyddoedd ond roedd angen un chwaraewr arbennig i droi'r llwyddiant yn llwyddiant ysgubol. Enw'r chwaraewr hwnnw oedd Eric Cantona ac ef a sbardunodd aelodau'r tîm gan gynnwys Mark Hughes i chwarae ar eu gorau.

Dechreuodd Man U dymor 1992–3 yn siomedig iawn, ond wedi i Cantona ymuno â'r clwb ddiwedd Tachwedd, cawson nhw rediad gwych â Hughes yn creu partneriaeth effeithiol gyda'r Ffrancwr. Hughes oedd prif sgoriwr y clwb y tymor hwnnw. Sicrhawyd y Bencampwriaeth i bob pwrpas dros y Pasg. Dathlodd Hughes ei ganfed gôl i Man U yn y fuddugoliaeth yn erbyn Crystal Palace. Dyma dymor cyntaf yr Uwchgynghrair newydd a ddisodlodd yr hen Adran Gyntaf, felly Man U oedd enillwyr cyntaf y gystadleuaeth – y tro cyntaf i'r clwb ennill y

Bencampwriaeth ers 1967. Doedd dim syndod, felly, fod hyd yn oed Hughes yn ei ddagrau wrth i'r clwb efelychu camp Law, Best a Charlton.

Man U oedd y pencampwyr y tymor wedyn hefyd, gyda Hughes a Cantona yn sgorio 46 gôl rhyngddyn nhw. Am y tro cyntaf erioed cipiodd y clwb y 'dwbwl', wrth guro Chelsea yn ffeinal Cwpan Lloegr. Sgoriodd Hughes un o bedair gôl Man U y diwrnod hwnnw yn Wembley.

Tymor 1994–5 oedd yr olaf i Hughes chwarae gyda Man U. Daeth y clwb yn ail i Blackburn Rovers yn yr Uwchgynghrair a cholli i Everton yn ffeinal Cwpan Lloegr 0–1. Hon oedd gêm olaf Hughes yn lliwiau Man U. Yn 31 mlwydd oed, sylweddolai mai'r blaenwr newydd Andy Cole, a ddaeth o Newcastle United, fyddai dewis cyntaf Alex Ferguson wedi hynny. Dywed Ferguson fod Hughes yn gwynwr mawr pan nad oedd yn cael ei ddewis i'r tîm ac efallai ei fod yn benderfyniad doeth symud i glwb arall.

Roedd dewis Chelsea yn ddewis rhyfedd yng ngolwg rhai ond creodd bartneriaeth ffrwythlon gyda Gianfranco Zola ac roedd Hughes yn y tîm a enillodd Gwpan Lloegr yn 1997. Felly, ef oedd yr unig chwaraewr i ennill medal buddugwr Cwpan Lloegr bedair gwaith yn yr ugeinfed ganrif. Wedi cyfnodau gyda Southampton, Everton a Blackburn, rhoddodd y gorau i chwarae yn

2002. Yn Blackburn, enillodd ei fedal olaf wrth i'r clwb ddod yn fuddugol yn rownd derfynol Cwpan y Cynghrair yn Stadiwm y Mileniwm, Caerdydd, yn Chwefror 2002, pan oedd yn 38 mlwydd oed.

Wedi iddo ymddangos yn gynnar yng nghrys coch ei wlad yn 1984–5, daeth Hughes yn ddewis cyntaf i gyfres o reolwyr Cymru, gan roi o'i orau bob amser. Roedd hwn yn gyfnod hynod o rwystredig i gefnogwyr Cymru. Er bod rhai chwaraewyr disglair fel Southall, Ratcliffe, Rush, Saunders a Hughes yn y tîm, lwyddon nhw ddim i ennill eu lle yn rowndiau terfynol y cystadlaethau rhyngwladol.

Ym Medi 1985, Hughes sgoriodd yn erbyn yr Alban ond ildiwyd cic dadleuol o'r smotyn yn agos at ddiwedd y gêm, gan chwalu holl obeithion Cymru o gyrraedd Cwpan y Byd ym Mecsico. Dyna hefyd oedd y profiad yn Nhachwedd 1993 wrth golli yn erbyn Rwmania yng Nghaerdydd, pan oedd Hughes yn absennol oherwydd gwaharddiad. Serch hynny, enillon nhw sawl buddugoliaeth gyffrous yn ystod y 72 gêm a chwaraeodd dros Gymru. Roedd yn y tîm a gurodd Brasil mewn gêm gyfeillgar yn 1991, ac er mai Ian Rush sgoriodd y gôl a enillodd y gêm, roedd Hughes hefyd yn bartner iddo yn y fuddugoliaeth yn erbyn yr Almaen yn 1991. Y noson honno cafodd Hughes dalu'r pwyth yn ôl i'r Almaenwr garw Guido Buchwald a oedd wedi rhoi amser mor galed iddo rai tymhorau ynghynt.

Yn 1995 yn ei hunangofiant, dywedodd Hughes nad oedd yn credu y byddai'n rheolwr ar ôl gorffen chwarae. Efallai mai diffyg hyder ar y pryd oedd yn gyfrifol am hyn ond erbyn heddiw caiff ei ystyried yn un o hyfforddwyr mwyaf effeithiol y Cynghrair. Dysgodd lawer yn ystod ei gyfnod yn rheolwr ar dîm cenedlaethol Cymru, gan ddilyn cyfnod anobeithiol Bobby Gould yn y swydd yn 1999. Rhoddodd ei stamp ei hun ar y tîm ac roedd gwir obaith y gallai Cymru gyrraedd rowndiau terfynol Pencampwriaeth Ewrop yn 2004. Yr uchafbwynt yn y cyfnod cyffrous hwnnw oedd y fuddugoliaeth wych yn erbyn yr Eidal o flaen torf enfawr yn Stadiwm y Mileniwm yn Hydref 2002. Gwaetha'r modd, yn dilyn hen draddodiad timau rhyngwladol Cymru, methu cyflawni'r camau pellach i gyrraedd y rowndiau terfynol fu eu hanes.

Serch y siom i'r cefnogwyr, ac i Hughes yn bersonol, roedd wedi creu enw iddo'i hun fel rheolwr ac yn 2004 cafodd ei benodi'n rheolwr Blackburn Rovers. Enillodd enw da gyda'r clwb o swydd Gaerhirfryn a chafodd ei enwi gan y wasg fel olynydd tebygol i Alex Ferguson pan fyddai yntau'n ymddeol fel rheolwr Man U. Ond un o brif elynion Man U, Manchester City a ddenodd Hughes yn 2008, ond ni chafodd y cyfle gan y perchnogion o'r Dwyrain Canol a brynodd y clwb ym mis Medi'r flwyddyn honno. Collodd ei swydd yn Rhagfyr 2009 ond erbyn haf 2010 dychwelodd i'r Uwchgynghrair fel rheolwr ar Fulham.

Nid yw stori Mark Hughes wedi dod i ben felly. Cafodd ambell ergyd yn ei yrfa ond mae ei gwpwrdd tlysau'n llawn o drysorau ac mae'r atgofion am gampau 'Sparky' yn Old Trafford a meysydd eraill y byd yn parhau. Mae'n dal i fod yn boblogaidd ymhlith cefnogwyr Man U a Chymru a chaiff ei gofio'n arbennig am ei linell, a'r unig un: 'Siawns am gêm?' yn y gyfres deledu C'mon Midffîld.

6

Ryan Giggs:
Un Clwb, Un Wlad

UN O LWYDDIANNAU MAWR Alex Ferguson yn ei yrfa hir gyda Man U oedd ailadeiladu rhaglen i ddatblygu ieuenctid y clwb, gan ddilyn patrwm Busby a Murphy flynyddoedd ynghynt. Penododd hyfforddwyr talentog a sgowtiaid craff i ddenu chwaraewyr ifanc gorau'r wlad i Old Trafford. Roedd y cyfan dan ofal Brian Kidd, un o sêr y clwb yn y gorffennol, a bu yntau'n ddylanwad mawr ar ddatblygiad sawl chwaraewr. Yn wahanol i Atkinson, roedd gan Ferguson ddiddordeb yn natblygiad y chwaraewyr ifanc. Roedd ffrwyth ei lafur yn amlwg yn yr 1990au wrth i gnwd o fechgyn disglair, fel Scholes, Beckham, Butt, a'r brodyr Neville, ddatblygu'n sêr yn oes aur y clwb.

Mae'n debyg i Ferguson weld yr un mwyaf talentog o'r ieuenctid hyn pan oedd asgellwr 13 mlwydd oed, eiddil yr olwg, yn chwarae mewn gêm rhwng bechgyn Salford a thîm o dan 15 Man U yn 1986. Yn ei hunangofiant, disgrifia Ferguson y profiad o weld y bachgen hwn yn symud yn rhydd ar draws y cae gan ddal ei ben yn uchel. Roedd mor ystwyth a naturiol â chi'n cwrso darn o bapur arian, meddai. Enw'r bachgen oedd Ryan Wilson ac, er ei fod wedi ymarfer gyda Manchester City yn ei arddegau cynnar, roedd ei galon gyda Man U. Ar ddiwrnod ei ben-blwydd yn 14 oed, gwelodd y bachgen gar Mercedes aur wedi'i barcio y tu allan i'w gartref yn Salford. Yn y tŷ roedd neb llai nag Alex Ferguson yn yfed te ac arwyddodd y bachgen i Man U yn y fan a'r lle. Yr enw ar y ffurflen y diwrnod hwnnw oedd Ryan Wilson ond pan oedd yn 15 oed penderfynodd y pêl-droediwr ifanc ddefnyddio cyfenw'i fam, ac wedi hynny câi ei adnabod ledled y byd fel Ryan Giggs.

Er mai yn Salford roedd yn byw yn ystod ei flynyddoedd ysgol, yng Nghaerdydd ar 29 Tachwedd 1973 y cafodd Ryan Giggs ei eni. Roedd ei dad, Danny Wilson, yn chwaraewr rygbi penigamp i Gaerdydd, a'i fam, Lynne, yn ferch 17 mlwydd oed o ardal Trelái. Ni fu'r ddau erioed yn briod ac, yn bennaf oherwydd mercheta'r tad, roedd eu perthynas yn un stormus ac ar adegau'n dreisgar. Pan oedd Giggs yn 14 oed, gwahanodd ei rieni ac er bod ei berthynas â'i fam yn dal yn gadarn, ychydig o gysylltiad sydd rhyngddo a'i dad erbyn hyn.

Mynychodd Giggs ysgol Hywel Dda, Trelái, lle

mae'n cofio dysgu'r anthem genedlaethol, cyn i'r teulu symud i fyw i Salford pan arwyddodd Danny Wilson i Swinton, un o glybiau enwocaf rygbi'r gynghrair. Roedd Giggs yn chwech oed ar y pryd ond er iddo godi acen Manceinion, nid oes amheuaeth am ei Gymreictod na'i deyrngarwch i'w wlad enedigol.

Pan oedd yn ysgol Moorside High, Manceinion, enillodd Giggs gapiau i dîm bechgyn ysgol Lloegr, gan gynnwys chwarae yn Wembley, ac yn erbyn bechgyn Cymru yn Abertawe. Awgrymodd rhai y gallai Giggs chwarae i Loegr ond wnaeth o ddim ystyried hynny. Roedd wedi'i eni yng Nghymru, roedd ei tam yn Gymraes, ac er bod ei dad o dras Affricanaidd, roedd yntau hefyd wedi'i eni yng Nghaerdydd. Roedd Giggs yn falch o wisgo crys coch ei wlad ac, er iddo gael ei feirniadu'n aml am beidio ag ymddangos mewn gêmau rhyngwladol cyfeillgar, ymdrechodd yn galed ym mhob gêm.

Gan y gwyddai Ferguson fod gan Man U dalent arbennig iawn yn Giggs, roedd yn benderfynol o'i amddiffyn rhag y pwysau ar y cae ac oddi arno. Cofiai sut yr aeth gyrfa George Best ar chwâl, efallai oherwydd nad oedd wedi cael ei warchod yn iawn gan y clwb pan oedd yn ifanc. Nid oedd hynny am ddigwydd i Giggs. Cafodd ei gyflwyno i'r tîm cyntaf yn ara deg, yn gyntaf yn eilydd ym mis Mawrth 1991 pan oedd yn 17 oed, yna câi ddechrau gêm o dro i dro yn ystod y misoedd canlynol.

Roedd gan Man U asgellwyr da eraill yn y cyfnod hwnnw, gan gynnwys Lee Sharpe a ddaeth yn gyfaill i Giggs. Yn wir Sharpe oedd yn gyfrifol am arwain y Giggs ifanc i drwbl. Yn Ebrill 1992, roedd gan Man U obaith ennill Pencampwriaeth yr Adran Gyntaf. Bu colli yn erbyn Nottingham Forest ar ddydd Llun y Pasg yn ergyd ond byddai cyfle arall i ennill tir ddeuddydd yn ddiweddarach yn erbyn West Ham. Rhybuddiodd Ferguson y chwaraewyr i beidio â mynd allan ar y nos Lun ond diflannodd Sharpe a Giggs i Blackpool. Roedd ysbïwyr Ferguson ym mhobman ac fe gafodd glywed yr hanes rai dyddiau'n ddiweddarach. Mewn tymer ddrwg, aeth draw i gartref Sharpe a dal Giggs yno gyda rhai chwaraewyr ifanc eraill. Rhoddodd Ferguson lond pen i'r ddau a'u dirwyo'n drwm. Roedd Giggs yn crynu wrth iddo ddychwelyd adref y diwrnod hwnnw.

Dysgodd Giggs ei wers ac wedyn ni fyddai'n torri rheolau llym Ferguson yn rhy aml. Roedd Ferguson yn ffodus i Giggs barhau i fyw gartref gyda'i fam am rai blynyddoedd pan oedd yn ifanc. Er iddo gael sylw yn y wasg am gynnal perthynas â chyfres o ferched deniadol yn ystod yr 1990au, nid oedd ei ymddygiad yn ddrwg iawn. Cadwai Ferguson lygad barcud ar Giggs bob amser ac ni chaniataodd iddo gael asiant nes ei fod bron yn ugain oed. Efallai fod un hanesyn yn dweud y cyfan am agwedd Ferguson. Wedi i Giggs fod yn aelod cyson o'r tîm cyntaf am ddwy flynedd, sylwodd fod y chwaraewyr hŷn yn cael car gan y clwb. Yn y dyddiau hynny, cyn y gallai sêr pêl-droed fforddio Aston Martins a Ferraris, roedd hwn yn 'perk' da iawn iddyn nhw. Aeth Giggs i weld y rheolwr a gofyn am gar ond cafodd ymateb tanllyd: 'Car gan y clwb! Gei di feic a dim mwy.'

Roedd Giggs yn aelod cyson o'r tîm a enillodd Bencampwriaeth yr Uwchgynghrair yn 1992–3. Er ei fod yn dal yn ei arddegau ar ddechrau'r tymor, roedd ei gyfraniad ar yr asgell chwith yn allweddol i lwyddiant y tîm. Heblaw bod yn hynod o chwim â'r bêl wrth ei draed, gallai dwyllo amddiffynwyr drwy ochrgamu. Croesai'r bêl yn dda ac er na fuodd erioed yn sgoriwr cyson, anaml y byddai'n methu cyfle i ergydio â'i droed chwith. Roedd hefyd wedi dangos yr egni i gynorthwyo'i gyd-chwaraewyr a gallai fod yn effeithiol wrth chwarae yng nghanol y cae yn ogystal ag ar yr asgell. Er yn fain o gorff, roedd Ferguson wedi sicrhau bod Giggs yn dilyn rhaglen i gryfhau ei gorff, ffactor a fyddai'n ei gadw'n holliach am y rhan fwyaf o'i yrfa hir. Serch hynny, byddai Giggs yn dioddef o drafferthion gyda llinyn y gar a byddai hynny, ar adegau, yn cyfyngu ar ei rediadau i lawr yr asgell.

Dyfodiad Eric Cantona i Old Trafford ym mis Tachwedd 1992 sy'n cael ei gyfri fel y prif reswm i Man U ennill y Bencampwriaeth yn 1992–3, ond roedd cyfraniad Giggs yr un mor bwysig. Chwaraeodd 46 gêm y tymor hwnnw gan sgorio 11 gôl, ac fe enillodd Dlws Chwaraewr Ifanc y Flwyddyn am yr ail flwyddyn yn olynol. Roedd yn cydweithio'n dda gyda Cantona, chwaraewr y daeth i'w edmygu'n fawr. Dysgodd lawer gan y Ffrancwr o safbwynt datblygu agwedd broffesiynol at wella ei sgiliau, er y gallai yntau ddysgu tipyn i Cantona ar sut i ddisgyblu ei hunan ar y cae!

Fel Ferguson, roedd Giggs yn awchu am fwy o lwyddiant. Y tymor canlynol enillodd Man U y 'dwbwl', gan ennill y Bencampwriaeth o ddeg pwynt a churo Chelsea yn ffeinal Cwpan Lloegr yn Wembley. Ond wedi'r holl lwyddiant, methodd Man U ag ennill yr un tlws yn nhymor 1994–5. Collwyd gwasanaeth Cantona am gyfnod hir, wedi iddo ymosod ar un o gefnogwyr Crystal Palace, ond roedd absenoldeb Giggs o'r tîm, oherwydd anaf, lawn cyn bwysiced. Dim ond 29 gêm gynghrair chwaraeodd Giggs yn ystod y tymor, ac oherwydd problemau gyda llinyn y gar, ar y fainc yr oedd yn ffeinal Cwpan Lloegr yn erbyn Everton. Daeth ar y cae ar ddechrau'r ail hanner ond roedd hynny ar ôl i Everton sgorio'r gôl a fyddai'n sicrhau'r Cwpan i'r clwb o Lannau Mersi.

Yn haf 1995 penderfynodd Ferguson gael gwared ar rai o'i chwaraewyr mwyaf profiadol, fel Mark Hughes, Andrei Kanchelskis a chyfaill mwyaf Giggs yn y tîm, Paul Ince. Yn eu lle cyflwynodd nifer o fechgyn ifanc i'r tîm ar ddechrau tymor 1995–6. Roedd Giggs ychydig yn hŷn na Scholes, Beckham, Butt a Gary Neville, ond roedd yn gartrefol wrth gyd-chwarae mewn tîm ifanc a chwaraeai bêl-droed ymosodol, deniadol. Ar ôl i Man U golli gêm gyntaf y tymor, gwnaeth Alan Hansen y sylw enwog ar Match of the Day: 'You'll never win anything with kids'. Ond roedd Ferguson yn fwy hirben na Hansen ac enillodd Man U y dwbwl unwaith yn rhagor. Un o'r uchafbwyntiau i Giggs oedd sgorio'r gôl a ddaeth â'r fuddugoliaeth yn erbyn yr hen elyn Manchester City, a chafodd gryn bleser wrth ennill yn Wembley unwaith yn rhagor, yn arbennig gan mai'r gwrthwynebwyr oedd Lerpwl. Er nad oedd ond 22 mlwydd oed, roedd

Giggs eisoes wedi ennill llu o fedalau a thlysau, ond roedd un nod ar ôl iddo ef a Ferguson, sef ennill Cwpan Pencampwyr Ewrop.

Siomedig oedd perfformiadau Man U yn y gystadleuaeth honno ganol yr 1990au ond roedd y profiad a gawson nhw'n bwysig yn y tymor hir. Nid oedd ymddeoliad cynnar Cantona yn 1997 o gymorth a chafodd Roy Keane, un o chwaraewyr cryfaf y tîm, ei anafu yn yr un flwyddyn. Enillodd Man U y Bencampwriaeth unwaith yn rhagor yn 1996–7 ac roedd y gobeithion yn uchel am lwyddiant yn Ewrop yn nhymor 1997–8. Gwaetha'r modd, roedd Giggs wedi'i anafu pan fethon nhw guro Monaco dros ddau gymal. Methon nhw hefyd ag ennill y Bencampwriaeth, gyda Giggs yn colli sawl gêm bwysig ar ddiwedd y tymor.

Roedd Giggs yn holliach erbyn tymor 1998–9, y tymor disgleiriaf yn holl hanes Man U. Roedd Ferguson wedi cryfhau'r tîm drwy brynu'r amddiffynnwr cadarn o'r Iseldiroedd, Jaap Stam, a'r blaenwr bywiog Dwight Yorke. Ar ôl dechrau simsan i'r tymor, roedd bechgyn Man U ar eu gorau o fis Ionawr 1999 ymlaen. Chollon nhw 'run gêm yn y cyfnod hwnnw, gyda Giggs a Keane yn arwain y ffordd, a Peter Schmeichel yn gawr yn y gôl.

Awr fawr Giggs yn bersonol oedd yn

ailchwarae rownd gynderfynol Cwpan Lloegr ar Barc Villa yn erbyn Arsenal ym mis Ebrill. Gyda'r sgôr yn gyfartal, arbedodd Schmeichel gic o'r smotyn yn y funud olaf ond roedd Man U i chwarae'r 30 munud o amser ychwanegol gyda deg dyn, gan fod Roy Keane wedi'i anfon o'r cae. Yn ystod y cyfnod ychwanegol, sgoriodd Giggs un o'r goliau gorau a welwyd ar gae pêl-droed erioed. Enillodd y bêl yng nghanol y cae a brasgamu a swerfio heibio i holl amddiffynwyr Arsenal cyn taro ergyd nerthol i gefn y rhwyd.

Daeth y tymor i'w benllanw dros gyfnod o ddeng niwrnod ar ddiwedd mis Mai. Drwy guro Tottenham Hotspur 2–1 yn Old Trafford ar 16 Mai enillon nhw'r Bencampwriaeth. Yn ffeinal Cwpan Lloegr yn Wembley ar 22 Mai roedden nhw'n chwarae yn erbyn Newcastle United. Yn nhîm Newcastle roedd Alan Shearer a Gary Speed, ac roedd disgwyl iddyn nhw fygwth amddiffyn Man U, ond gêm unochrog oedd hi, gyda Man U yn ennill yn hawdd.

Ar y dydd Mercher canlynol roedd un frwydr olaf gan Man U er mwyn cipio tri thlws mewn un tymor am y tro cyntaf erioed. Byddai ennill Cwpan Pencampwyr Ewrop yn binacl i yrfa Giggs ond gwyddai fod Bayern Munich yn dîm llawer peryglach na Newcastle. Chwaraeon nhw'r gêm ar faes Barcelona, y Camp Nou, a theithiodd miloedd ar filoedd o gefnogwyr Man U yno yn llawn gobaith y gallai'r tîm efelychu camp 1968.

Roedd Man U wedi cyrraedd y ffeinal drwy guro Inter Milan ac yna Juventus yn y rownd gynderfynol. Yn erbyn Juventus yn Old Trafford roedd Man U yn colli 1–0 gyda phum munud yn weddill pan rwydodd Giggs gôl hollbwysig. Serch hynny, oherwydd anaf, roedd Giggs yn absennol ar gyfer yr ail gymal yn Turin. Arwr arall oedd y seren y noson honno. Roedd Man U yn colli 2–0, ond o ganlyniad i berfformiad arbennig Roy Keane, llwyddon nhw o'r diwedd i ennill 3–2 mewn gêm yn llawn cyffro. Yn anffodus derbyniodd Keane gerdyn melyn yn y gêm honno ac felly nid oedd ar gael ar gyfer y ffeinal.

Roedd colli Keane a Paul Scholes, yntau hefyd wedi'i wahardd, yn ergyd i obeithion Man U ac nid oedd y tîm na Giggs ar eu gorau yn y Camp Nou. Bu'n rhaid i Beckham symud i ganol y cae, gyda Giggs ar yr asgell dde a'r aneffeithiol Jesper Blomqvist ar y chwith. Bayern Munich oedd y tîm gorau a sgorion nhw'n gynnar a dod yn agos at rwydo ar sawl achlysur arall. Ond roedd lwc gyda Man U. Yn ystod yr amser ychwanegol ar gyfer anafiadau, ergydiodd Giggs at y gôl â'i droed dde mewn un ymdrech olaf. Roedd y bêl ar ei ffordd heibio'r postyn ond estynnodd Teddy Sheringham ei goes a gwyro'r bêl i'r rhwyd. Roedd Man U wedi achub y dydd ar yr eiliad olaf ond nid oedd y cyffro ar ben. O fewn dim roedd Solskjaer wedi sgorio'r gôl a ddaeth â'r Cwpan i Old Trafford am y tro cyntaf ers 31 mlynedd. Roedd yn nodweddiadol o Man U eu bod wedi ennill yn y dull mwyaf dramatig.

Dros y blynyddoedd canlynol gadawodd rhai o hoelion wyth Man U – Schmeichel, Keane, Stam, a Beckham y clwb, ond nid felly Giggs. Cafodd gynnig da i fynd i Juventus yn 2003, ond roedd Man U yn ei waed. Beth bynnag, roedd yn rhy werthfawr i Ferguson a fu'n trin y Cymro'n ofalus iawn wrth iddo heneiddio. Dechreuodd Giggs chwarae yng nghanol y cae, gan barhau i greu a sgorio goliau o'r safle hwnnw. Mae record Man U yn ystod degawd cyntaf yr 21ain ganrif yn parhau'n ddisglair. Fe gasglodd Ryan Giggs dlysau di-rif gan gynnwys ennill Pencampwriaeth yr Uwchgynghrair ar bum achlysur, wrth i'r clwb frwydro yn erbyn clybiau pwerus fel Arsenal a Chelsea.

Yn Ewrop cyrhaeddon nhw ffeinal Cwpan Pencampwyr Ewrop ddwywaith. Yn 2008 roedd Giggs ar y fainc mewn ffeinal dramatig arall yn erbyn Chelsea yn Moscow. Daeth i'r cae'n hwyr

91

yn y gêm â'r sgôr yn gyfartal 1–1. Bu bron iddo sgorio ond peniodd John Terry ei ergyd oddi ar y llinell i achub Chelsea. Pan ddaeth hi'n giciau o'r smotyn ar ddiwedd 120 munud o chwarae caled, roedd angen hen bennau. Gyda Ronaldo yn methu i Man U, cafodd John Terry'r cyfle i ennill y Cwpan i Chelsea, ond tarodd ei ergyd heibio'r postyn. Cymerodd Giggs y seithfed gic a churo Petr Cech, yna methodd Anelka, a Man U oedd yn dathlu unwaith yn rhagor. Hwn oedd 759 ymddangosiad Giggs yng nghrys Man U, record i'r clwb, a hynny ar achlysur cofiadwy arall.

Cafodd Giggs y fraint o fod yn gapten y tîm ar gyfer ffeinal Cwpan Pencampwyr Ewrop y flwyddyn ganlynol. Ond y tro hwn Barcelona oedd yn fuddugol o ddwy gôl i ddim, a'r blaenwr bach Messi yn sgorio un o'r goliau.

Er ei fod yn ei dridegau hwyr, mae Giggs yn parhau'n aelod gwerthfawr o garfan Man U yn nhymor 2010–11. Roedd wedi rhoi'r gorau i chwarae dros ei wlad yn 2007 er bod galw arno o dro i dro gan y wasg a'r cefnogwyr i ddychwelyd i'r tîm rhyngwladol. Ond mae'n debyg mai'r gêm gyfartal yn erbyn y Weriniaeth Tsiec ym Mai 2007 oedd ei gêm olaf dros Gymru. Yn y dorf y diwrnod hwnnw roedd baner â'r geiriau: 'Diolch yn fawr Ryan'. Roedden nhw'n gwerthfawrogi ei gyfraniad mewn tîm a oedd yn brin o sêr rhyngwladol.

Ymddangosodd Giggs am y tro cyntaf i Gymru yn erbyn yr Almaen yn Hydref 1991. Yn 17 mlwydd oed, ar y pryd ef oedd y chwaraewr ieuengaf i chwarae dros ei wlad. Gwaetha'r modd ni chafodd Cymru fawr o lwyddiant dros yr 16 mlynedd y bu'n chwarae i'r tîm.

Eto i gyd roedd Giggs yn aelod ifanc o dîm eithaf profiadol Terry Yorath a fu'n brwydro am le yn rowndiau terfynol Cwpan y Byd, a gynhaliwyd yn yr Unol Daleithiau yn 1994. Gyda Neville Southall, Ian Rush a Dean Saunders yn y tîm, daeth awr fawr Cymru mewn gêm gyffrous yn erbyn Rwmania yng Nghaerdydd ar 17 Tachwedd 1993. Byddai buddugoliaeth yn ddigon, a phan gawson nhw gic o'r smotyn gyda'r sgôr yn gyfartal 1–1, roedd gobaith am fuddugoliaeth. Ond tarodd Paul Bodin ei gic yn erbyn y trawst a diflannodd y cyfle. Roedd y siom yn amlwg ar wyneb Giggs ar ddiwedd y gêm, ond yn wahanol i Rush ac eraill, gwyddai y câi gyfleoedd eraill yn y dyfodol.

Gwaetha'r modd, gan na phenododd Cymdeithas Bêl-droed Cymru Yorath, un a gâi ei barchu'n fawr gan y chwaraewyr, gan gynnwys Giggs, cyfnodau siomedig gawson nhw o dan ofal Bobby Gould a rheolwyr eraill. I bob pwrpas daeth cyfle olaf Giggs yn 2003 wrth i Gymru sefyll ar frig ei grŵp yn rowndiau rhagbrofol Pencampwriaeth Ewrop a oedd i'w chynnal ym Mhortiwgal yn haf 2004. Roedd buddugoliaethau campus yn erbyn y Ffindir, yr Eidal ac Azerbaijan wedi codi gobeithion y cefnogwyr ond llithrodd y tîm yng ngêmau olaf y grŵp gan orffen yn ail i'r Eidal.

Fodd bynnag, roedd cyfle arall mewn rownd ailgyfle yn erbyn Rwsia ym mis Tachwedd 2003. Fe gawson nhw gêm gyfartal yn Moscow ond yn yr ail gymal yng Nghaerdydd sgoriodd Rwsia yn gynnar. Funudau cyn yr egwyl cafodd Giggs gyfle euraid i ddod â'r sgôr yn gyfartal ond taro'r postyn wnaeth ei ergyd. Ni ddaeth cyfle da arall ar noson siomedig iawn i Giggs, tîm Cymru a'r cefnogwyr.

Enillodd Giggs gyfanswm o 64 o gapiau dros Gymru a sgorio 12 gôl. Gallai fod wedi chwarae mwy o gêmau ond byddai Ferguson yn gwrthod ei ryddhau ar gyfer gêmau cyfeillgar. Mewn un cyfweliad soniodd Giggs am y broblem a wynebai tîm Cymru o'i gymharu â Man U. Byddai carfan Man U yn treulio amser hir gyda'i gilydd ar y maes ymarfer ac yn chwarae un neu ddwy gêm bob wythnos o'r tymor. Felly deuai'r chwaraewyr i adnabod dulliau chwarae ei gilydd yn dda ac roedd yn haws creu patrwm sefydlog. Ar y llaw arall dim ond yn achlysurol y deuai chwaraewyr Cymru at ei gilydd ac roedd yn fwy anodd iddyn nhw greu patrwm a dod i ddeall ei gilydd. Byddai beirniad llym yn ymateb i'r fath sylw drwy awgrymu ei fod yn anodd i reolwr Cymru adeiladu tim pan oedd chwaraewr gorau'r tîm, sef Giggs, yn absennol o'r gêmau cyfeillgar. Ond, roedd tîm Cymru'n sicr yn well pan fyddai Giggs yn chwarae. Credai Mark Hughes fod ysbryd y garfan yn codi pan fyddai Giggs yn bresennol. Am gyfnodau roedd yn gapten Cymru a mynnai nad oedd dim yn fwy o fraint iddo na bod yn gapten ar ei wlad.

Dywedodd Keith Towler, Comisiynydd Plant Cymru, yn 2007 nad oedd gan bobl ifanc Cymru arwr i'w edmygu, fel David Beckham. Synnai llawer o glywed hyn. Nid yn unig am fod diffygion amlwg yng nghymeriad a ffordd o fyw Beckham, ond hefyd gan fod Giggs yn batrwm o gymeriad mae Cymry ifanc yn ei edmygu. Mae Giggs yn ddyn teulu, yn driw i'w glwb, yn ddiymhongar o ran cymeriad, ac yn cael ei barchu gan bawb. Daeth hyn yn amlwg pan enillodd wobr Personoliaeth Chwaraeon y Flwyddyn BBC Cymru yn 2009 a gwobr gyfatebol Brydeinig y BBC yr un flwyddyn. Er ei fod yn ei dridegau hwyr, nid yw wedi gorffen chwarae ar y lefel uchaf. Mae'n debygol o ddilyn gyrfa fel rheolwr yn y pen draw, efallai gyda thîm rhyngwladol Cymru. Yn sicr, gall gyflawni llawer eto.

Fe fuodd hi'n anodd erioed i chwaraewr ifanc lwyddo i ennill ei le yn nhîm cyntaf Man U. Mae ugeiniau o Gymry ifanc addawol wedi ceisio ond ychydig a gafodd o fraint o wisgo'r crys coch yn Old Trafford. Bu rhai'n anffodus, fel Deiniol Graham a chwaraeodd lond llaw o gêmau ddiwedd yr 1980au, cyn torri ei fraich a cholli'i gyfle. Ym marn y tîm rheoli nid oedd un a fu'n chwarae yn yr un tîm ieuenctid â Beckham a Scholes, sef Robbie Savage, yn cyrraedd y safon angenrheidiol.

Erbyn hyn, mae'n anos fyth cyrraedd y safon uchel a osodir gan y clwb. Ar un adeg roedd rhwydwaith o sgowtiaid, fel Hugh Roberts yng ngogledd Cymru, yn cribo Prydain ac Iwerddon am chwaraewyr ifanc addawol. Bellach mae'r rhwydwaith wedi ymestyn i bob rhan o'r byd am dalent y gellir ei ddatblygu dan ofal hyfforddwyr Man U. Mae'r gystadleuaeth yn ffyrnig ond y wobr o lwyddo yn anferth. Byddai pêl-droedwyr Newton Heath o'r 19eg ganrif yn rhyfeddu at gyfoeth sêr yr 21ain ganrif. Mae'r arian wedi dod yn bwysicach na'r gêm efallai, ond tra bo'r cefnogwyr yn parhau i gael eu cyfareddu gan sgiliau Giggs ac eraill, bydd pêl-droed yn parhau yn gêm y bobl.